U0362375

中国对外直接投资决定因素与战略研究

梁莹莹　著

南开大学出版社

天　津

图书在版编目(CIP)数据

中国对外直接投资决定因素与战略研究 / 梁莹莹著
. —天津：南开大学出版社，2018.9
ISBN 978-7-310-05511-1

Ⅰ.①中… Ⅱ.①梁… Ⅲ.①对外投资－直接投资－
研究－中国 Ⅳ.①F832.6

中国版本图书馆 CIP 数据核字(2017)第 290290 号

南开大学出版社出版发行

出版人：刘运峰

地址：天津市南开区卫津路 94 号　　邮政编码：300071

营销部电话：(022)23508339　23500755

营销部传真：(022)23508542　　邮购部电话：(022)23502200

*

北京建宏印刷有限公司印刷

全国各地新华书店经销

*

2018 年 9 月第 1 版　　2018 年 9 月第 1 次印刷

210×148 毫米　32 开本　6.875 印张　2 插页　182 千字

定价：32.00 元

如遇图书印装质量问题，请与本社营销部联系调换，电话：(022)23507125

前　言

对外直接投资（Outward Foreign Direct Investment，OFDI）曾经是发达国家所特有的经济现象。由于受到国内经济基础较为薄弱的制约，发展中国家对外直接投资活动非常有限。据《2004 年世界投资报告》（*World Investment Report 2004*）统计，20 世纪 80 年代，全球范围内有超过 90%的对外直接投资都来源于发达国家。但是，近十年来，新兴市场国家和发展中国家的对外直接投资迅猛增长，成为世界经济发展的主要驱动力。而有关发展中国家对外投资的决定因素及其理论和实证研究相对较少，加之发展中国家的 OFDI 又表现出不同国家在不同时期的投资决策呈现不同变化的特点，因此，对发展中国家对外直接投资问题的研究具有重要的理论和实践意义。

自 1978 年改革开放以来，中国通过以市场经济为导向，大力发展对外经贸往来，经济发展在取得令人瞩目成就的同时也逐步融入世界经济之中。2000 年 10 月，党的十五届五中全会上正式明确"走出去"战略，中国对外直接投资增长迅速，并呈现投资规模的扩大和区位选择多样的特点。尽管如此，作为发展中国家，中国的对外直接投资起步较晚，无论占国际直接投资还是国内经济总量的比重相对很小。据联合国贸易发展会议资料显示，2012 年，中国对外直接投资占中国国际投资比重约为 18.89%，占 GDP 比重为 92.20%，同发达国家相比，尚存在较大差距（仅 2011 年，美国、新加坡、日本和韩国对外直接投资占 GDP 比重分别为 262.58%、991.26%、195.79%和 182.45%）。因此，在看到中国对外直接投资蓬勃发展的同时，应理性地认识到与经济发达国家相比尚存在巨大的差距。为了缩小这种差距，需要深入了解中国对外投资方向、模式和决定因素等问题，从而在宏观层面为政府制定合理的对外直接政策，鼓励、指导企业开展对外直接投资；在微观层面为企业洞悉并合理规避投资风险，全面提升自身竞争能力，进而为科学地开展对外直接投资提供理论和政策支持。

本书在梳理有关对外直接投资理论研究的基础上，结合中国对外直接投资实践，构建以中国为代表的发展中国家的对外直接投资理论分析框架，全面、系统地分析中国对外直接投资特色和中国对外直接投资的发展阶段，分别从东道国和母国视角分析影响中国对外直接投资的动因、决定因素并开展实证检验，最后为我国对外直接投资进入模式的战略选择提供政策建议。本书分成五个部分：

第一部分，在对有关经典国际直接投资理论文献进行总结和评价、对发展中国家对外直接投资理论文献进行梳理的基础上，重点分析现有投资理论中有关对外直接投资决定因素的研究及其对发展中国家适用的局限性。

第二部分，就中国对外直接投资发展阶段及其特性展开分析。首先，依据投资发展周期理论，对中国对外直接投资发展阶段进行实证检验，根据实证结果说明中国对外直接投资的发展轨迹符合投资发展周期理论中所假设的"U"形曲线分布，判断中国目前正处于投资发展周期的第三阶段中期，并进一步说明中国对外直接投资特质，指出中国对外直接投资与发达国家、新兴工业化国家以及其他发展中国家的不同及其自身特性。在此基础上，本书通过回顾和总结中国对外直接投资的发展历程，明确中国对外直接投资发展不同阶段划分及发展特征。

第三部分，在分析中国对外直接投资特色的基础上，重点从东道国和母国角度分析，构建两个角度的理论框架。之所以这样划分，是由于当中国向不同的投资区域开展对外直接投资时，可能遭遇不同类型的政治或者商业风险，可从宏观和微观两个层面展开。在宏观层面，企业在寻求净利润最大化过程中将受到四个方面的制约，它们分别是来自市场交易环节的产品单价（P）、销售数量（Q）以及来自生产过程的成本（C）和税金（T）。在微观层面，以企业为主体基于企业异质性理论构建对外直接投资中有关企业决定因素的理论模型。

第四部分，分别从东道国和母国两个视角对第三部分的理论框架进行实证检验。其中，东道国角度利用与中国存在直接投资关系的 73 个东道国跨国数据进行计量回归，样本覆盖率达到 74.9%。母国角度从宏观和微观两个层面开展实证研究。宏观层面利用中国宏观数据，微观层面则使用企业数据对中国对外直接投资影响决定因素展开实证分析。

第五部分，分析中国对外直接投资的进入模式。在前文对中国对外直接投资决定因素分析的基础上，对中国对外直接投资类型进行分类，有针对性地分析针对不同经济发展水平的东道国，企业所采取的对外直接投资进入模式。

本书的创新之处主要体现在：首先，分析了中国 OFDI 有别于传统 FDI 理论分析中的特殊性质，在此基础上，从宏观和微观两个层面构建中国对外直接投资理论分析框架，并分别进行实证检验。其次，结合中国对外直接投资实践，分别从东道国和母国角度对 OFDI 决定因素展开分析。最后，在有关中国对外直接投资决定因素的分析中，基于中国微观企业的样本进行实证检验，系统研究企业异质性与企业对外直接投资决策之间可能存在的内在关系，使得本书的研究结论更富有微观基础。本书共有图 14 幅，表 41 个，参考文献 163 篇。

目　录

第一章 导 论

第一节 问题的提出与选题意义

一、选题背景

自 1978 年改革开放以来，通过以市场经济为导向，大力发展对外经贸往来，中国经济发展取得了令人瞩目的成就。伴随着经济全球化进程的加快，国际直接投资在世界经济发展中的作用日益加强，来自世界各地的商品、资源、资本、信息、技术等通过在全球范围内合理、优化配置实现规模经济和范围经济，中国的经济也逐步融入世界经济之中。依据联合国贸发会议（UNCTAD）《2013 年世界投资报告》，2012年，全球对外直接投资流出量为 14090 亿美元，尽管比 2011 年下降约18%，但据联合国贸发会议预计，随着宏观经济状况改善以及投资者在中期恢复信心，对外直接投资流量可能会在 2014 年攀升至 1.6 万亿美元，在 2015 年达到 1.8 万亿美元。与此同时，对外直接投资存量累积已达 23.59 万亿美元，增加了 9%，而这一增长，则以近十年来新兴市场国家和发展中国家的对外直接投资（Outward Foreign Direct Investment，OFDI）增长迅猛为背景。发展中国家较高的经济增长成为世界经济发展的重要驱动力。

　　自 2000 年 10 月，党的十五届五中全会上正式明确"走出去"战略以来，中国对外直接投资增长迅速，并呈现投资规模的扩大和区位选择多样的特点。即使受 2008 年危机影响，全球外国直接投资（FDI）下降 30%～40%的情况下，中国对外直接投资流量依旧增长。2012 年，中国对外直接投资净额（流量）达 878 亿美元，按全球国家及地区统计，2011 年流量排名第 3 位、存量位居第 13 位[①]。

　　尽管近年来，中国对外直接投资发展迅速，但作为发展中国家，中国的对外直接投资起步较晚，无论占国际直接投资还是国内经济总量的比重相对很小，2012 年，中国对外直接投资占中国国际投资比重约 18.89%，占 GDP 比重仅为 6.08%[②]，同发达国家相比，尚存在较大差距（仅 2011 年，美国、日本、韩国对外直接投资占 GDP 比重分别为 262.58%、195.79%、182.45%[③]）。因此，当我们看到中国对外直接投资蓬勃发展的同时，也应理性地看到与经济发达国家之间存在着如此巨大的差距。如何缩小这种差距？这需要政府制定合理的对外直接政策，鼓励、引导企业开展对外直接投资，同时企业也应在了解对外直接投资决定因素的基础上，洞悉并合理规避投资风险，全面提升自身竞争能力，进而开展科学的对外直接投资。

二、研究的理论和现实意义

　　虽然中国目前的对外直接投资取得了一定的成绩，但面临国内经济转型、国外金融危机后经济严重下滑等环境的变化，以及东道国和中国自身的诸如历史、政策、制度和经济发展水平等多重因素的影响，企业面临的对外投资风险不断增加，投资规模、投资模式选择有待进一步研究。而目前针对中国对外直接投资理论、决定因素等系统的研究还比较欠缺；同时由于研究数据的局限性，实证研究多集中于跨国数据

---

① 商务部《2012 年对外直接投资统计公报》。
② 中国外汇管理局，中国国家统计局。
③ 联合国贸发会数据库。

上。因此，深入研究中国对外直接投资具有重要的理论和现实意义。

（一）传统 FDI 理论及其对发展中国家适用的局限性

对外直接投资源自 20 世纪初，它是以发达国家跨国公司为主体，在一个或数个国家或地区，以直接投资设厂等（实物性资产）为投资手段，从而获得收益的行为。20 世纪 60 年代至 70 年代末，海默（Hymer）、金德尔伯格（Kindleberger）、弗农（Vernon）等以美国跨国公司为研究对象，相继提出对外直接投资系统性的理论。伴随着 20 世纪 70 年代发展中国家对外直接投资的兴起，才开始有学者关注并研究发展中国家的对外直接投资，但大多建立在较为成熟的发达国家对外直接投资理论框架之下，或是对传统理论的借鉴与扩展。而传统对外直接投资理论，能够解释发达国家具有一定竞争优势企业的对外直接投资，却无法解释相对于发达国家缺乏一定优势的发展中国家的企业以及发达国家的中小企业的对外投资。本书在梳理传统理论的基础之上，将系统分析传统理论解释发展中国家对外直接投资局限性的原因和依据。

（二）发展中国家的对外直接投资为政府指导下的非纯粹企业行为

传统理论都是从企业角度出发研究对外直接投资的动机和决定，而发展中国家由于受到政治、历史、经济环境、国家发展战略、国家政策、企业所有权性质等多重因素的影响，对外直接投资发展具有自己的特性，即并非单纯的企业行为，往往会受到国家政策和产业政策的影响。因此，有必要探讨适用于以中国为代表的发展中国家的对外直接投资理论体系。

本书拟从东道国和母国两个角度，全面分析中国企业对外直接投资的决定因素。其中按照国家经济发展程度区分不同东道国，分别就决定因素进行分析；母国决定因素则围绕国家、产业和企业层面分别展开。通过多维度的剖析，构建中国对外直接投资理论分析框架。

（三）发展中国家对外直接投资决定因素的实证研究及其战略

在构建中国对外直接投资理论框架的基础上，从东道国和母国决定因素两个角度展开实证检验。通过多维度的剖析，对中国对外直接投资问题进行全面性和系统性的分析，从而有助于中国针对不同类型东道国制定有针对性的国家和企业投资策略，针对不同经济发展水平的投资东道国的投资目的、投资模式等制定差异性的投资策略，以期为中国企业开展对外直接投资提供合理建议。

第二节　研究思路与方法

一、研究思路

本书在梳理前人对外直接投资理论研究的基础上，构建以中国为代表的发展中国家的对外直接投资理论框架，全面、系统地分析中国对外直接投资特色，总结影响中国对外直接投资的决定因素，并开展多角度的实证检验，最终针对不同类型东道国提出相应的投资战略，以寻求符合中国国情的对外直接投资发展模式。本书其他各章的内容安排如下（基本研究框架如图 1.1 所示）。

第二章为相关研究文献综述。首先对经典国际直接投资理论文献进行总结和评价，并对有关发展中国家对外直接投资理论文献进行综述。其次，总结概括已有对外直接投资理论中研究对外直接投资的决定因素，并分别从东道国、母国和双边国家的因素展开分析。最后，对有关对外直接投资实证文献的结论进行归纳总结。

第三章为中国对外直接投资发展阶段及其特性分析。首先，依据投资发展周期（IDP）理论，并结合已有文献判定中国对外直接投资发展阶段，分析中国当前对外直接投资发展的必然性。其次，通过回顾和总结中国对外直接投资发展历程，明确中国对外直接投资发展不同阶段划分及其发展特征。最后，在此基础上提出中国对外直接投资特质，指出中国对外直接投资与发达国家、新兴工业化国家、其他发展中国家的不同，明确其自身特质。具体表现在：第一，中国的经济体制兼具市场经济与计划经济双重特征；第二，中国是实行严格资本管制的国家，企业参与对外直接投资的相关活动往往受到政府职能部门的管理和制约；第三，庞大的外汇储备为中国企业开展对外直接投资提供有力的资金保障；第四，一些开展对外直接投资的国企，投资成功后继而在海外上市，通过海外上市募集资金；第五，作为经济大国，中国同时开展对发达国家以及发展中国家的对外直接投资。

第四章在分析中国特有的对外直接投资特色基础上，构建分析中国对外直接投资的理论框架。本章分别从母国和东道国两个角度构建理论分析框架，目的在于分析当中国向不同的东道国开展对外直接投资时，可能遭遇不同类型的政治或者商业风险，此时决定因素与相应投资策略也应有所差异。同时，中国的对外直接投资决定因素还会受到本国以及双边因素的影响，因此，将全面、系统地讨论不同角度的决定因素，为第五、六章的实证分析打下理论基础。

第五章利用跨国数据对中国东道国的对外直接投资影响决定因素展开分析。本章从以下三个方面展开：首先，在分析影响对外直接投资的一般因素基础上，分别从不同类型投资东道国角度开展实证分析，即将东道国按经济发展水平差异划分为发达国家、发展中国家和欠发达国家；其次，针对不同东道国国家确定各自的投资决定因素做出假设；最后，进行实证检验。

第六章应用中国数据对母国影响对外直接投资的决定因素进行经验分析，并从宏观和微观两个方面开展实证检验。首先，应用中国宏观经济变量数据，从影响企业对外直接投资的宏观经济因素影响方面进行实证检验和分析；其次，利用中国商务部《境外投资企业（机构）名录》与2008年度中国工业企业数据库匹配，整合数据资源形成微观数据集，并基于该数据集中的中国企业的样本进行实证检验，分析企业异质性条件下的企业对外直接投资的决定因素。

第七章，投资战略研究。在前文对中国对外直接投资决定因素分析的基础上,对中国对外直接投资模式进行分类,以期从投资进入模式视角(即绿地投资、并购等)对中国企业对外直接投资有针对性地提出相应的投资战略和政策建议。

第八章是本书的结论部分。主要归纳了全书研究所得出的主要结论,并提出研究所存在的不足与挑战,以及未来进一步研究的研究方向。

本书主体内容的基本框架如下图所示。

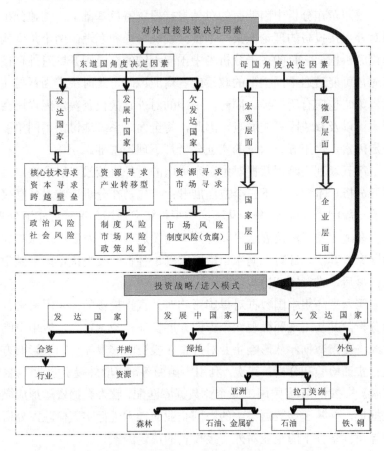

图 1.1 本书主体内容基本框架图

二、研究方法

本书以经济学、管理学以及对外直接投资理论为基础，以中国对外直接投资实践的特质为主线，坚持采用定性与定量分析、历史与逻辑分析、规范与实证相结合的方式，分析中国对外直接投资的发展现状及其决定因素问题，依据中国具体实践提出并构建对中国对外直接投资具有解释意义的理论框架。本着从理论到实践——提出理论分析框架——实证检验——政策建议的逻辑体系，具体研究分析方法如下：

（一）通过对研究对象的历史和文献研究构建本书的逻辑框架

本书在国内外有关对外直接投资理论发展、现状分析、投资策略分析、投资动因、决定因素、跨国公司与经济发展、跨国公司理论等问题的理论研究、实证研究、政策文件和调查报告等大量文献研究的基础上，重点考虑我国对外直接投资的特质，确定本书的研究方向，系统地构建了本书的逻辑框架。

（二）纵向分析与横向比较相结合

通过运用比较分析法，将中国对外直接投资的相关研究结论与其他发达国家、发展中国家的研究结论进行对比分析，同时注重从不同历史时期的角度考察对外直接投资理论的动态发展。通过纵向分析与横向比较相结合的方法，既实现了对传统对外直接投资理论的梳理，也为总结中国对外直接投资理论框架奠定基础。比较分析法的适当运用，不仅使本书的研究更为细致和深入，也使政策结论具有更强的现实意义。

（三）定性分析与定量分析相统一

定性分析是定量分析的基础，定量分析是定性分析的具体化。本书在对对外直接投资理论，包括发达国家的直接投资理论和发展中国家的直接投资理论的基本内容进行分析的基础上，运用定性分析方法提出中国对外直接投资的理论分析框架，再运用定量分析的方法，采用多元回归分析、单位根检验、面板数据分析等计量分析方法,并结合 Eviews 7.0、Stata12 等工具软件,开展实证研究。本书重点对中国对外直接投资实践的决定因素进行实证检验,最后针对研究结论提出了相应的政策建议。因此,本书将定性分析与定量分析紧密地结合在一起。

(四)案例研究

通过大量浏览和查阅来自互联网中企业网站或者研究机构的公开资料、官方网站、权威媒体报道、先前学者研究资料等方式,对中国对外直接投资的案例资料进行大量搜集,尤其在中国企业的跨国并购方面,结合典型领域、特定行业的情况,并结合研究主题进行概括、分析与总结。

(五)理论分析与实证研究相结合

在分析和检验有关中国对外直接投资的东道国和母国决定因素,以及中国对外直接投资进入模式部分的研究中,注意运用已有理论分析的同时,充分结合我国发展现状提出相应的理论框架并开展实证检验。研究遵循了从理论研究到实证研究,再从实证研究回归理论研究的写作逻辑,通过理论和实证分析相结合的方式,对研究主题做到更为系统、全面的把握。

第三节　创新点与难点

一、创新点

(一)对对外直接投资理论与机制进行深入分析

本书充分考虑到中国对外直接投资实践,借鉴已有理论确定并验证中国对外直接投资发展阶段,并在分析和比较发达国家和发展中国家对外直接投资现状的基础上,归纳中国对外直接投资有别于他国的特点,从而提出中国对外直接投资有别于传统直接投资理论分析的特殊性。

（二）基于上述中国的特殊性分析，从东道国和投资母国两个角度构建对外直接投资决定理论分析框架

传统对外直接投资理论多以发达国家为研究背景，投资决定的动机源于以跨国企业为主体，即使随后出现以发展中国家为研究对象的对外直接投资理论，但发展中国家存在着较高的异质性，并且理论构建有其自身的条件与局限性。因此，本书提出以往理论对中国的适用性问题，并针对以中国为代表的发展中国家对外直接投资不同于传统理论的特点，从东道国和投资母国角度分别构建中国对外直接投资理论分析框架，并选取较前人研究更全面的宏观数据和微观数据对构建的理论开展实证检验。

（三）利用微观数据开展实证检验，所得结论更具微观基础

在有关中国对外直接投资决定因素分析研究中，本书的研究结论更富有微观基础。本书通过整合数据资源，将中国商务部《境外投资企业（机构）名录》与2008年度中国工业企业数据库匹配，形成微观数据集，并基于中国微观企业的样本进行实证检验，较为全面地验证了企业对外直接投资发展过程中投资决策的决定因素，进而判断出企业异质性与中国企业对外直接投资之间可能存在的内生关系。

二、写作难点

第一，相关数据的缺失。由于相关的代理变量的数据，尤其是企业微观层面投资规模的数据很难获取，目前只能获得企业是否参与投资以及投资对象国家和企业所在区域的相关资料，因此证明企业差异性资源对对外直接投资的驱动作用比较困难。

第二，数据集的建立需借助"中国工业企业数据库"以及《境外投资企业（机构）名录》完成。利用两个数据资料通过样本匹配来完成数据集的建立，一共涉及近40万家规模以上工业企业，数据处理耗时且工作量较大。

　　第三，相关变量难以量化。例如，由于制度因素属于规范性社会变量，所以很难用具体的数据来检验其与对外直接投资的因果关系，包括无形资产丰裕程度也很难用指标予以量化。

第二章 相关文献综述

国际直接投资产生于第二次世界大战以后，即 19 世纪六七十年代，在 20 世纪发展迅速并延续至今，有关国际直接投资理论的研究也伴随着投资行为的发生而产生。早在 20 世纪 60 年代以前，这一理论研究主要针对跨国企业对外投资的经验总结，并以贸易理论的要素禀赋理论为基础。该理论以传统经济学理论假定世界市场是完全竞争的，同时资本可以在不同国家之间自由流动为基础，显然未明确国际直接投资与间接投资的区别，同时也忽略了各国企业开展对外直接投资过程中所发生的管理、技术等生产要素的转移。直到 1960 年，加拿大经济学家海默（Hymer，1960）提出了"垄断优势"概念，并用来解释企业的国际直接投资行为。此后，学者们以美国、日本等经济发达国家跨国公司对外直接投资为研究对象，提出诸多理论，理论界呈现出百家争鸣的景象。此时的主要理论除垄断优势理论以外，还有内部化理论、国际生产折中理论、产品生命周期论、边际产业扩张理论等。

20 世纪 80 年代以后，伴随着发展中国家经济的快速发展，发展中国家企业的对外直接投资活动逐渐兴起，规模逐渐扩大，但其在实践中表现出与传统发达国家理论模式不同的特征，因此，引起了学者们对发展中国家企业开展对外直接投资的动机、优势来源等问题的研究，也促成了基于发展中企业的新兴投资模式理论的发展，先后提出了发展中国家对外直接投资理论，包括小规模技术理论、技术地方化理论等。

进入 20 世纪 90 年代，跨国对外直接投资不论在规模还是模式、范围等方面都发生了显著变化，尤其是以战略投资为动机的对外直接投资的出现，成为新兴经济体国家对外直接投资的代表。中国作为新兴经济体国家，快速发展的对外直接投资规模已经引起学术界和理论界的广泛关注，近年来围绕对外直接投资理论与政策的研究方兴未艾。

本章将参考并考察前人的研究成果，将对外直接投资理论分为发达国家的对外直接投资理论和发展中国家的对外直接投资理论，它们通常被学术理论界视为主流对外直接投资理论，并对其相关文献进行梳理。首先，对传统的对外直接理论的发展和研究思路进行总结和评价，目的是为后续的研究框架奠定坚实的理论基础；其次，我们将从投资母国和东道国的角度对对外直接投资的决定因素的研究文献进行综述；最后，针对有关对外直接投资决定的实证研究文献开展文献综述。

第一节　国际直接投资理论综述与评价

一、发达国家的对外直接投资理论

（一）垄断优势理论

垄断优势理论由加拿大经济学家海默于 1960 年提出，与传统国际直接投资理论认为市场是完全竞争的假设不同，该理论假定市场具有不完全性，重视对产业组织的结构特征并就微观企业行为展开分析。海默认为，跨国企业在开展对外直接投资时，往往面临汇率波动以及来自东道国不同的文化背景、政治信仰、法律制度和语言等诸多方面的风险与考验。这些往往对一国的对外直接投资构成阻碍，有时在投资过程中还会面临东道国政府的歧视，这些阻碍无疑会极大地增加企业的经营成本。跨国企业往往拥有独特的竞争优势，例如丰富的管理经验、先进的专有技术、较为完备的融资渠道和优秀的销售能力等，并以此来对抗东道国企业的竞争，维持较高的垄断价格和利润，最终形成不完全竞争的局面。海默认为，企业对外直接投资的必要条件是它相对当地企业具有某种优势并足以抵消额外的成本，而且这种优势是与该企业所有权相联系的、不容易丧失的有形资产或无形资产的优势。充分利用上述优势不仅可以抵御不利因素所带来的消极影响，往往还可能为跨国企业带来相比单一化的国内投资更大的经济效益，这一点也充分揭示了企业开展跨国经营的原因。依据垄断优势理论，企业是否开展跨国投资取决于其是否具备一定的垄断优势，而其中具有重要地位的是技术优势。因此，当企业开展跨国经营时，其目的往往是寻求垄断租金，而非寻求效率。

继海默提出垄断优势理论后，金德尔伯格（Kindleberger，1969）等人对该理论进行进一步发展。他们提出，跨国企业为实现在与国内公司竞争时获得主动权，首先应将其优势实现资本化，而这些优势可能来自产品市场、要素市场的不完全；企业经营中的外部和内部规模经济以及政府对于某些行业的产出和市场准入的管理与控制等。

垄断优势理论产生于国际直接投资刚刚兴起的时代，当时全球经济尚处于国际化程度较低的背景之下，垄断优势的确较好地解释了企业开展跨国经营的原因。然而，随着时间的推进，开始有更多的跨国公司企业以其他形式参与国际直接投资，实践表明，有些企业具有某种强有力的技术优势，但其并非必然开展对外投资，有时往往选择在国内投资，或者通过技术出口、技术许可等方式来获取收益，这与垄断优势理论产生了分歧。可见，拥有垄断优势只是跨国企业开展对外直接投资的必要条件，而非充分条件。此外，该理论分析的企业对外直接投资的动因的比较单一，因而无法解释那些并不具有技术优势或其他垄断优势的企业的对外直接投资行为。也正因为垄断优势论存在一些缺陷，也促进学者们开展进一步的探讨与研究。

（二）内部化理论

20世纪70年代中期，以英国里兹大学学者巴克利和卡森（Buckley

and Casson，1976）以及加拿大学者拉格曼（A.M. Rugman，1981）为代表的西方学者提出内部化理论。该理论沿用了美国经济学家科斯（R.H.Coase，1981）所提出的新厂商理论和市场不完全的基本假定，并以除日本以外的发达国家跨国公司为研究对象，主要解释企业在何种情况下选择国外直接投资所获得的收益将超过产品出口或者许可证转让，以及企业这样做的原因。

该理论认为，中间产品（一般指知识、信息、技术、商誉、原材料、半成品、零部件等）的市场是不完全的。这种不完全是由某些市场失灵以及中间产品所具有的特殊性质所导致的。例如，信息具有公共物品的属性，因此在外部市场中交易容易产生信息的扩散。单一地通过市场交易，厂商实现利润最大化的目标往往难以得到保证。为最大限度地实现利润，企业必须建立内部市场，即将外部市场实现内部化。企业通过建立内部市场，充分利用企业内部的管理手段对企业内部资源开展协调与配置，这样尽可能避免由于市场不完全对企业经营效率产生的不利影响。当企业开展市场内部化的活动跨越国界时，则意味着是企业对外直接投资的过程，即出现了企业的跨国经营。因而，企业开展对外直接投资的主要动机或者目的就是为了消除与克服外部市场的不完全性给企业经营效率带来的不利影响。

当然，企业开展内部化的过程中，在为企业带来利益的同时也必然伴随着成本的发生。如果外部市场的不完全成为企业开展内部化的原因，那么产品的存在即企业开展内部化的重要决定因素。依据经济学基本理论，企业能够开展内部化的约束条件是存在的，即开展内部化所带来的边际收益等于边际成本，这一约束条件也将决定企业内部化的相应规模。依据内部化理论，企业开展对外直接投资并非简单的资本转移，而是企业管理权与控制权的扩张，而这些全部基于对企业的所有权。这种管理权与控制权的扩张是通过利用企业内部的管理机制替代外部市场机制，使企业的交易成本降低，并最终使得通过跨国经营而获得的内部化优势得以实现。

巴克利和卡森认为，市场内部化的过程取决于以下四个因素：行业特定因素，主要包括中间产品的特性、产品外部市场结构和规模经济；国别特定因素，主要指东道国政府的政治、法律、经济状况和财政制度；区位（地区）特定因素，主要指不同国家的地理位置、地理距离、社会心理特点、文化差异等方面的影响；公司（企业）特定因素，如不同公司（企业）的组织结构、对内部市场的管理经验、管理能力和协调能力等。在这四种决定因素中，大多学者认为行业特定因素最为关键（王国顺，来特，2006）。

此外，巴克利和卡森还将对外直接投资看作企业将国际交易内部化的直接结果。他们认为，由于竞争的不完全和信息的不对称，中间产品难以通过市场交易完成，所以企业通过并购对方或新建子公司来使交易在企业内部完成。内部化理论以外部市场不完全为基础，以内部市场具有比外部市场更低的成本和更高的效率以及内部市场不会出现市场失灵的情况为前提，这与当今企业在跨国战略中越来越重视对外部市场网络关系的研究与利用的情况是不相符的。该理论能够解释企业纵向一体化的对外直接投资，对于横向一体化则缺乏解释力。

（三）国际生产折中理论

国际生产折中理论是由英国经济学家、雷丁大学经济系教授约翰·邓宁（Dunning，1977）在其代表作《国际生产和跨国企业》中提出的。他认为，先前的对外直接投资理论只能对对外直接投资活动做出部分解释，未能较好地将投资理论与贸易理论结合，而一国的国际经济活动是该国在商品贸易、资源转让、资产与货币交易和国际直接投资等方面活动的总和，因此，客观上需要一种折中理论。

早在20世纪50年代以前，对于国际经济活动的理论解释主要围绕较为正统的国际贸易理论和作为补充的尚不完善的资本运动理论展开。由于这两种理论本身具有局限性，加之国际直接投资又具有其自身特征，因此无法对国际生产进行解释。60年代初期，西方国家有关国际生产理论方面的研究主要分为以下三种：第一，研究跨国公司（企业）为何能够在国外开展生产，这一理论试图从企业具有优于其他企业的净竞争优势角度进行解释与分析。现在主流经济学界一般认为最早提出该理论的是海默（垄断优势论）。第二，依据生产的区位理论研究跨国企业最终选择将在哪一国家生产。第三，对对外直接投资开展动态分析，其中，美国学者弗农提出的产品生命周期理论具有突出贡献。该理论较好地将对外直接投资与对外贸易相结合，并将企业开拓海外市场作为一个过程展开研究。该理论不仅研究对外直接投资的原因和区位选择问题，还研究了具体对外直接投资的时间。进入 70 年代，国际生产理论又得到进一步的发展，具体表现为：将净竞争优势范围进行补充与扩大，并提出发达国家开展对外直接投资的主要优势还来自产品差别、先进的管理技能和企业规模等。同时强调外汇市场与资本市场的不完全性将影响企业的对外直接投资，并通过比较企业经营成本来解释与说明企业对于海外投资获得途径的选择。

邓宁的国际生产折中理论也是在此时发展起来的。邓宁正是集百家之长，吸收并融汇 20 世纪 50～70 年代各国的国际经济理论与投资理论的思想，试图将企业海外投资活动进行更为一般化的解释。邓宁认为，只有在这些理论基础之上综合而成的国际生产折中理论才能够对当时企业的跨国经营活动进行有效的分析与解释。邓宁的生产折中理论包含了西方经济理论中的厂商理论、区位理论和工业组织理论，吸收了经济学中的各派思想，将国际贸易、对外直接投资和非股权转让三者合为一体。折中理论认为，企业对外直接投资需要满足以下三个条件：一是企业在供应某一特定市场时要拥有对其他国家企业的净所有权优势。这些所有权优势主要表现为独占某些无形资产的优势和规模经济所产生的优势。二是如果企业拥有对其他国家企业的净所有权优势，那么，对于拥有这些优势的企业来说，其自身利用这些优势时，要比将其转让给外国企业去使用更加有利，即企业通过扩大自己的经营活动，将优势的使用内部化要比通过与其他独立企业的市场交易将优势的使用外部化更为有利。三是如果企业在所有权上与内部化上均具有优势，那么，对该企业而言，把这些优势与东道国的区位因素相结合必须使企业有利可图。区位因素包括东道国不可移动的要素禀赋优势及对外国企业的鼓励或限制政策。要素禀赋一般指东道国的自然资源、人力资源、市场容量等。

关于所有权优势、内部化优势和区位优势的内涵，邓宁做了如下解释：

（1）所有权优势（Ownership Advantages），包括来自对有形资产和无形资产占有上的优势、生产管理上的优势和多国经营形成的优势。

（2）区位优势（Location Advantages）。区位优势取决于东道国以下方面的状况：要素投入和市场的地理分布状况、各国生产要素的成本及质量、运输成本、通信成本、基础设施、政府干预范围与程度、各国的金融制度、国内外市场的差异程度，以及由于历史、文化、风俗习惯、商业惯例而形成的心理因素等。企业从事国际生产必然要受到这些因素的影响。

（3）内部化优势（Internalization Advantages），企业使其优势内部化的动机是避免在资源配置上由于外部市场的不完全性而对企业经营产生不利影响，使其无法保持和利用企业技术创新的垄断地位。市场不完全可分为机构性与知识性两种。前者指竞争壁垒、贸易战等；后者指难以获得生产与销售信息。因此，企业在技术等无形产品的生产与销售领域，以及某些自然资源生产加工的产品与销售领域，把优势内部化，以避开外部市场机制不完全带来的问题。

由此可见，企业必须兼备所有权优势、内部化优势和区位优势才能从事对外国的直接投资有利的活动。如果企业仅有所有权优势和内部化优势，而不具备区位优势，则意味着缺乏有利的国外投资场所，因此企业只能将有关优势在国内加以利用，而后依靠产品出口来供应当地市场。如果企业只拥有所有权优势和区位优势而无内部化优势，则企业拥有的所有权优势难以在内部加以利用，只能将其转让给国外企业。如果企业具备了内部化优势和区位优势而无所有权优势，则意味着企业缺乏对外国直接投资的基本前提。

国际生产折中理论在对外直接投资理论研究中受到广泛重视，总体来说该理论旨在解释企业为什么、在哪里开展对外直接投资，但无法解释何时、何种条件下开展对外直接投资。因此该理论在面临当今复杂多变的国际经济环境下仍受到有关适用性的挑战。

（四）产品生命周期理论

产品生命周期理论（Theory of Product Life Cycle）的创始人是美国经济学家、美国哈佛大学教授刘易斯·威尔士（Louis Wells）和雷蒙德·弗农（Raymond Vernon）。1966 年，弗农在美国《经济学季刊》上发表了《产品周期中的国际贸易与国际投资》一文，首次提出了"产品生命周期"的概念。弗农认为，产品生命是指市场的营销生命，产品和人的生命一样，要经历形成、成长、成熟、衰退这样的周期。就产品而言，也就是要经历一个开发、引进、成长、成熟、衰退的阶段。而在不同的技术水平的国家中，这个周期发生的时间和过程是不一样的，期间存在一个较大的差距和时差，正是这一时差，表现为不同国家在技术上的差距，它反映了同一产品在不同国家市场上的竞争地位的差异，从而决定了国际贸易和国际投资的变化。为了便于区分，弗农将差异化国家分为三类，依次为：创新国（即最发达国家）、一般发达国家和发展中国家。威尔士在此基础上，引入市场营销学中的产品生命理论，具体描述了因技术差距产生国际贸易的过程；他们将产品生命周期理论引入国际贸易理论之中，奠定了国际贸易的产品生命周期理论。该理论认为，产品在生命的不同阶段、不同的国家生产和出口，以此说明国际贸易的流动方向，将市场营销学的产品生命周期与国际贸易理论结合起来，使比较优势理论从静态发展为动态，它是关于产品生命不同阶段决定生产与出口该产品的国家转移理论。

产品都是有生命周期的（如图 2.1），可细分为产品开发期、市场引入期、成长期、成熟期和衰退期。新产品的生命周期一般分为三个阶段。

第一阶段：新产品阶段或产品创新阶段（创新期），又称为引进阶段。消费者不了解新产品的特性和如何使用这种新的产品，以及它给人们所带来的方便和好处，在这一阶段，需求主要来自本国，生产也主要针对本国需要，基本上没有出口。要求投入的技术要素比较高，要求熟练的劳动者的技术水平也比较高。这一时期的产品可以说是技术密集型的。

第二阶段：产品成熟阶段（成熟期），又称为增长阶段，技术已经成熟，生产过程已经比较标准化，同时该产品使用的配套设备比较完善，获得消费者的广泛接受，所有的人都具有使用这一产品的技能，都拥有这种产品，该产品市场饱和，产品销售量的增长率开始下降。与此同时，国外的需求也已开始，成熟的技术随着产品的出口而转移出去，产品进口国能够迅速地模仿并掌握技术，进而开始在本国生产。成熟阶段技术开始标准化，产品比较成熟，市场迅速扩张，生产规模急剧扩大，从而要求投入资本比较多。这一时期的产品可以说是资本密集型的。

第三阶段：产品标准化阶段（国外生产期），又称为衰退阶段，技术已经不再是新颖和秘密的了，甚至已经开始老化，许多技术都已经包含在生产该商品的机器中了，技术本身的重要性已经逐渐消失，新产品的技术也完成了其生命周期。人们不再需要这一产品，可能它还维持一个很小的市场，生产中使用大量的非熟练劳动者。这一时期的产品可以说是劳动密集型的，比较优势也就随之发生变化。这种变化决定了该产品在国际贸易中的流动方向。

一个理想的产品生命周期的形态应是产品开发期短；产品的市场引入期和成长期也尽可能短；成熟期尽可能持续较长；衰退期的到来缓慢。将产品生命周期理论的基本思想与国际营销理论相结合，用来解释国际投资和技术转让的原因，可以使企业看清形势，通过把自己的产品销往国外市场来延长其市场寿命。

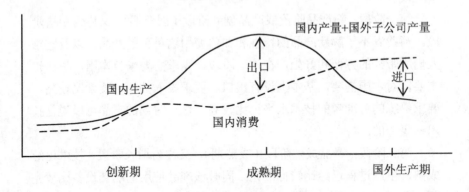

图 2.1　产品生命周期/产业转移周期图

　　弗农（1966）从美国制造业的实际情况出发，考察了比较优势和投资在国际间的移动过程，提出美国对外直接投资变动与产品生命周期密切联系的论点。20 世纪 70 年代，弗农引入"国际寡占行为"来解释跨国公司对外直接投资行为，并将产品周期分为创新寡占、成熟寡占和老化寡占三个阶段。其理论揭示出美国对外直接投资的实质：不断向国外转移已在国内丧失垄断优势的产业，为本国产品进入新一轮创新阶段做准备，从而使产品不断得以创新，维持其在国际上的垄断或寡占优势。但该理论关于寻求低廉生产成本地区的观点有悖于许多国家，特别是发展中国家跨国公司对发达国家的投资。并且在该理论模型中，对外直接投资是出口贸易的替代，这显然与现实情况不完全符合，已有大量的实证研究表明，对外直接投资对于贸易的影响是不确定的。

　　总之，发达国家的对外直接投资理论，无论是最早的"垄断优势理论"（海默，1960），还是"内部化理论""产品生命周期理论"（弗农，1971），以及英国经济学家邓宁（Dunning，1977）提出的"生产折中理论"，主要解释了发达国家具备一定的竞争优势的企业才有可能开展对外直接投资。具体表现为,在分析企业开展对外直接投资所需的主要条件时,都强调了特定优势的重要性;在关于投资区位的选择方面,邓宁的折中理论则为企业对外直接投资的生产分布提供了理论依据。可见,在分析方法和基本出发点方面,传统的发达国家投资理论对对外直接投资的研究与实践具有重要的指导意义。

但是,随着国际直接投资出现新的变化,上述理论受限于仅以发达国家企业的对外投资行为作为其研究对象,因此,面对 20 世纪 70 年代以来快速发展的新兴经济体和发展中国家的对外直接投资时,理论适用的局限性也随之暴露出来。首先,表现在对于"优势"这一概念的界定上。传统理论认为,企业之所以开展对外直接投资,前提条件是必须具备某种"优势",这种优势可以以多种形式存在,如垄断优势、所有权优势以及比较优势等。尽管优势具有多样性,但却很难解释那些本身并不具备所有权优势的发展中国家为何可以开展对外直接投资。其次,传统投资理论对于比较优势的认识尚缺少全面性。在弗农的产品生命周期理论中提及开展对外直接投资企业应当具备比较优势,而该理论中的这一比较优势,其实质就是技术优势。但在实践中,比较优势的内容更为丰富,即包括相对于东道国而言的全部优势,通过对投资的对象、区域、环境、市场规模和东道国产业结构等多方面因素进行综合衡量、考虑后再进行比较而得到。在这一过程中,企业只要具备了某一种或多种广义的相对优势,就具备了在东道国开展直接投资的基本能力。最后,优势本身并不是静止不变的,而是动态变化的。在开展对外投资活动的过程中,优势既可以创造也可以改变,即使企业原来不具备某种特定优势,也可以通过利用投资活动来获得和创造。某些情况下,企业甚至可以将其竞争对手的优势转变为自身的优势。有关优势的动态变化性,是传统投资理论中所未涉及的。20 世纪 90 年代,邓宁(Dunning,1995)在保持原有折中理论框架不变的基础之上将所有权优势范围扩大,将企业与其他组织合作所产生的能力和竞争力纳入所有权优势范畴;同时还将影响对外直接投资的制度因素融入国际生产折中理论。中国企业的对外直接投资就具有这一典型特征，相当一部分企业在开展对外直接投资活动时并不具备所谓的所有权优势或者垄断优势，之所以开展投资活动，恰恰是为了获取某种特定优势。因此，传统理论尽管在对外直接投资理论研究中有着重要的理论贡献和指导意义，但在解释如中国等发展中国家的投资活动方面仍存在着局限性，这也是我们必须接受的现实。

二、发展中国家的对外直接投资理论

由于源自发达国家的传统对外直接投资理论存在解释的局限性，而发展中国家的对外直接投资又与发达国家投资在驱动因素、投资动因、投资目的、竞争优势、行为特征等多方面都存在差异性，同时由于不同的发展中国家在经济发展水平和规模上也存在着显著的差异，因此在寻求和建立发展中国家对外直接投资理论依据时，国际经济学界开展了不同角度的分析与解释，并创立了各具特色的理论学说。这些理论虽然在西方国际直接投资理论中尚不属于主流理论，也未能超越发达国家跨国公司理论研究方面所取得的成就，但其影响却越来越大，为开展中国企业对外直接投资的研究提供了有益的借鉴。

（一）小规模技术理论

美国经济学家刘易斯·威尔斯（Louis J.Wells）于 1977 年在《发展中国家企业的国际化》一文中提出"小规模技术理论"。1983 年，威尔斯在其专著《第三世界跨国公司》中，对小规模技术理论进行了更详细的论述。该理论的中心思想是，发展中国家跨国公司的比较优势来源于小规模生产技术，这种小规模生产技术带来的低成本优势能够使生产者获得比较利益。威尔斯认为，发展中国家跨国公司的竞争优势主要表现在以下三方面：

一是由于其具有为小市场服务的劳动密集型小规模生产技术而获得规模效益。由于大规模生产技术无法从这些细分市场需求中获得规模效益，发展中国家的跨国企业可以通过开发满足细分市场需求的生产技术获得竞争优势。低收入国家商品市场的一个普遍特征是需求量有限,大规模生产技术无法从这种小的细分市场需求中获得规模效益,而许多发展中国家的跨国企业正是通过开发了满足细分市场需求的生产技术而获得了竞争优势。因为这种小规模生产技术往往是劳动力密集型的,并具有很大的灵活性。

二是由于"民族纽带性"的原因,发展中国家在民族产品的海外生产上往往拥有某种特殊的优势。发展中国家对外投资主要是为服务于国外同一种族团体的需要而建立,并可以较好地体现自身的比较优势。根据威尔斯的研究,在国外生产民族产品或以民族为纽带的对外投资在印度、泰国、新加坡、马来西亚以及中国台湾、香港的投资中都占有一定比例,它们往往利用母国的当地资源,使用传统知名品牌,从而在生产成本上占有优势,并且在侨民散布的世界各地投资经营。

三是由于发展中国家跨国企业往往具有产品企业管理费用和营销费用低廉的特点,因此通常采用低价营销战略,即以物美价廉的商品抢夺市场份额。与发达国家跨国公司相比,发展中国家跨国企业的管理人员和技术人员的薪金收入水平较低,同时也意味着较低的企业生产成本。此外,由于对企业形象重视程度的差异性,发展中国家跨国企业在厂房建筑方面节约了大量支出;在广告费用投入方面,也不像发达国家跨国公司那样热衷于追求名牌产品效应。因此,采取低价营销战略,提供物美价廉的产品是发展中国家跨国公司形成竞争优势的重要原因,也是抢占市场份额的重要武器。

小规模技术理论被西方理论界认为是发展中国家跨国公司研究中的早期代表性成果。威尔斯把发展中国家跨国公司竞争优势的产生与这些国家自身的市场特征结合起来,在理论上给后人提供了一个充分的分析空间,对于分析经济落后国家企业在国际化的初期阶段怎样在国际竞争中争得一席之地是颇有启发的。但从本质上看,小规模技术理论是技术被动论。威尔斯显然继承了弗农的产品生命周期理论,认为发展中国家所生产的产品主要是使用"降级技术"生产在西方国家早已成熟的产品。再者,它将发展中国家跨国公司的竞争优势仅仅局限于小规模生产技术的使用,可能会导致这些国家在国际生产体系中永远处于边缘地带和产品生命周期的最后阶段。同时该理论很难解释一些发展中国家的高新技术企业的对外投资行为,也无法解释当今发展中国家对发达国家的直接投资日趋增长的现象。

（二）技术地方化理论

英国经济学家拉奥（Lall）在 1983 年出版的《新跨国公司：第三世界企业的发展》一书中提出用"技术地方化理论"来解释发展中国家的对外直接投资行为。拉奥深入研究了印度跨国公司的竞争优势和投资动机,认为发展中国家跨国公司的技术特征尽管表现为规模小、使用标准化技术和劳动密集型技术,但这种技术的形成却包含着企业内在的创新活动。在拉奥看来,导致发展中国家能够形成和发展自己独特优势主要有以下四个因素：第一,在发展中国家,技术知识的当地化是在不同于发达国家的环境中进行的,这种新的环境往往与一国的要素价格及其质量相联系。第二,发展中国家通过对进口的技术和产品进行某些改造,使其产品能更好地满足当地或邻国市场的需求,这种创新活动必然形成竞争优势。第三,发展中国家企业竞争优势不仅来自其生产过程和产品与当地的供给条件和需求条件紧密结合,而且来自创新活动中所产生的技术在小规模生产条件下具有更高的经济效益。第四,从产品特征看,发展中国家企业往往能开发出与品牌产品不同的消费品,特别是当东道国市场较大、消费者的品位和购买能力有很大差别时,来自发展中国家的产品仍有一定的竞争能力。第五,由于受到来自政府、自然、文化、语言等方面因素的影响,上述优势在更好地服务于其他发展中国家时能够得到强化。鉴于上述原因,发展中国家企业即使在较低的技术水平上可能也会拥有进行对外直接投资的独特优势,这一优势不仅仅可以用于其他发展中国家,有时还可用于发达国家。

拉奥的技术地方化理论分析发展中国家跨国公司的意义在于，它不仅分析了发展中国家企业的国际竞争优势是什么，而且更强调形成竞争优势所特有的企业创新活动。在拉奥看来，企业的技术吸收过程是一种不可逆转的创新活动，这种创新往往受当地的生产供给、需求条件和企业特有的学习活动的直接影响。与威尔斯的小规模技术理论相比，拉奥更强调企业技术引进的再生过程，即欠发达国家对外国技术的改进、消化和吸收不是一种被动的模仿和复制，而是对技术的消化、引进和创新。正是这种创新活动给企业带来新的竞争优势。虽然拉奥的技术地方化理论对企业技术创新活动的描述是粗线条的，但它把发展中国家跨国公司研究的注意力引向微观层次，以证明落后国家企业以比较优势参与国际生产和经营活动的可能性。

（三）技术创新升级与产业升级理论

随着发展中国家对外直接投资的加速增长，发展中国家跨国公司的对外投资出现了新的趋势。面对这种情况，英国伶仃大学的坎特威尔教授（Cantwell，1989）和他的学生托伦惕诺（Tolentino，1993）提出了技术创新产业升级理论。该理论从技术进步和技术积累的角度分析了发展中国家对外直接投资的阶段性动态演进过程，认为发展中国家跨国公司对外直接投资受其国内产业结构和内生技术创新能力的影响；发展中国家技术能力的提高与它们对外投资的累积增长是直接相关的，技术能力的积累是影响其国际生产活动的决定性因素，同时也影响着其对外直接投资的形式和效果。技术积累所属的内在活动，既可以通过研发投入实现，也可以通过经验积累实现。无论对于发达国家还是发展中国家而言，积累与技术创新对于企业产业发展的促进作用在本质上是相同的。但由于两者均具有路径依赖的特征，发达国家与发展中国家在这一方面的表现具有差异性。发达国家企业的技术创新往往表现为通过巨大的研发投入保证它们所拥有的技术能够处于某一前沿领域，或者引领技术发展趋势。而对于发展中国家而言，由于没有像发达国家那样强大的科研能力，因此其对于一些生产技术的创新与利用主要通过其特有的"学习经验"和"组织能力"来实现。这便是发展中国家跨国公司竞争优势的基础。通过对技术的不断积累，技术能力逐渐提升，发展中国家最终实现了产业升级。企业技术能力的提高和产业结构的升级与它们对外直接投资的增长及其对外直接投资的产业分布和地区分布的特征与变化直接相关。企业现有的技术能力影响其国家生产活动的规模和水平，同时也影响对外直接投资形式和增长速度。反过来，随着国际生产经验的增加、跨国管理水平以及营销水平的提高，发展中国家跨国公司会逐渐加快技术积累与技术创新，其产业结构也将进一步优化。因此，发展中国家跨国公司的技术积累和技术创新过程以其特有的"学习经验"为基础。

坎特威尔和托伦惕诺还分析了发展中国家对外直接投资的产业分布和地理分布，认为发展中国家对外直接投资的产业分布和地理分布是随着时间的推移而逐渐变化的，并且是可以预测的。在产业分布上，发展中国家跨国公司由于受到国家产业结构和技术创新能力的制约，其对外直接投资是从以自然资源为主的纵向一体化逐步过渡到以进口替代和出口导向为主的横向一体化生产活动。在海外经营的地理扩展上，发展中国家跨国公司在很大程度上受"心理距离"（包括文化、习惯和语言等）的影响，遵循先对邻近或文化相近国家投资，再向远距离的其他发展中国家投资，再向发达国家投资的渐进发展顺序。伴随着一国工业化程度的加深，高科技领域的对外直接投资快速增加，投资开始进入发达国家，并表现出良好的竞争优势。

技术创新产业升级理论构造了一个以技术创新为动力、技术积累为基础，发展中国家产业结构与对外投资结构在相互促动中不断升级的动态过程。该理论推进了拉奥的研究，将企业技术积累的路径依赖性作为解释发展中国家对外直接投资的因素。即发展中国家的对外直接投资是以技术积累为内在动力，以地域扩展为基础的。随着经济的发展，发展中国家跨国公司的特有优势可能会向发达国家趋同，即对外直接投资也会表现出与发达国家相似的特征。该理论比较全面地诠释了 20 世纪 80

年代以后，发展中国家，特别是东亚新兴工业化国家对外直接投资的结构由发展中国家向发达国家、由传统产业向高技术产业流动的变动过程，对发展中国家的对外投资实践具有较强的解释力，因而深受西方经济理论界的好评。但是该理论单从企业技术升级和产业升级角度解释对外直接投资决定因素，忽略了影响对外直接投资的其他决定因素。此外，对于该理论结论正确性的验证尚有待于进一步研究和挖掘。

（四）投资发展周期（IDP）理论

对外直接投资发展路径（Investment Development Path，IDP）理论又称为"阶段论"或者"周期论"，是由英国雷丁大学教授邓宁于1979年提出，并经多次补充和发展后最终于1986年完成的。其早先的国际生产折中理论虽然获得了普遍的认可，但其对发展中国家对外投资行为的解释力具有局限性，因此在对外直接投资发展周期理论中，邓宁将国际生产折中理论从企业层次推论到国家层次，从动态的角度来解释经济发展水平不同国家在对外直接投资中的地位，以完善之前提出的国际生产折中理论。

该理论将一国的净对外直接投资（即一国企业在国外直接投资额与外国企业在本国境内的直接投资额的差额）与其经济发展水平联系起来，认为一国的国际投资地位与其人均国民生产总值呈正相关关系；又将经济发展阶段与国内外企业的竞争优势联系起来，说明一国的国际投资地位随企业竞争优势的变化而改变。发展中国家的对外直接投资的出现和对外直接投资存量及增量的变动，均源于企业所有权优势、内部化优势与区位优势的不断增长变化。依据该理论，一国的净对外直接投资大致经历五个阶段：第一阶段，投资流入和流出都很少，一国的净对外直接投资额为零或接近于零的负数。第二阶段，流入增加，但对外投资很少。第三阶段，对外投资的增加快于外资流入的增加。国家净对外直接投资额仍为负数，但其绝对值不断缩小。第四阶段，净对外直接投资额为正数，且其绝对值不断扩大，是净对外直接投资国。第五阶段，净对外直接投资额仍为正数，但呈下降趋势。该阶段受经济发展程度的影响减弱，而更多受到来自发达国家交叉投资的影响。

邓宁用三种优势在不同发展阶段的变化来解释一国对外直接投资与经济发展阶段的关系及原因。对于人均国民生产总值在 400 美元以下的国家，对外直接投资的流出入量均很少，因为它既没有可供投资国选择的区位优势，又不拥有从事对外直接投资的所有权优势和内部化优势；对于人均国民生产总值在 400～2000 美元的国家，对外直接投资的流入量大于流出量，而且差额很大，这是因为它可供投资国选择的区位优势在增强，但没有实力形成拥有从事对外直接投资的所有权优势和内部化优势；对于人均国民生产总值在 2000～4750 美元的国家，对外直接投资的流出量的增幅大于流入量的增幅，但仍为对外直接投资的净流入国，而且净流出和净流入的差额在缩小，这是因为它不仅可供投资国选择的区位优势在增强，而且其所有权优势和内部化优势也在增强；对于人均国民生产总值在 4750 美元以上的国家，其拥有从事对外直接投资的所有权优势和内部化优势，并有能力运用区位优势能来对外进行直接投资。

邓宁通过对企业所有权优势、内部化优势及区位优势变化的动态分析解释不同经济发展阶段的国家在投资发展周期上所处的不同阶段。该理论首次将对外直接投资与一国的国民生产总值联系起来；论证了一国的对外投资地位是随着其竞争优势的消长而变化的，从动态的角度描述了跨国投资与经济发展的辩证关系，从而解释了发展中国家跨国企业从事对外投资的原因。尽管邓宁的投资发展周期理论只是沿袭了国际生产折中理论的分析框架，即从企业所有权、内部化和区位优势的微观基础上来分析宏观上的总趋势，而事实上处在同一经济发展阶段的国家仍会出现直接投资流入与流出趋势不一致的情况，但该理论在分析和预测发展中国家在投资发展周期上所处阶段以及发展中国家跨国公司形成的框架方面仍具有重要的参考价值。

（五）动态比较优势投资理论

日本学者小泽辉智（Ozawa，1992）试图将跨国公司对经济增长的推动作用与开放经济发展理论相结合,进而提出国际直接投资模式,并将其理论称为新的综合的国际投资阶段发展论,即动态比较优势投资理论。该理论的核心是强调世界经济结构特点对经济运行特别是对投资的影响。小泽辉智认为,世界经济结构具备以下特点:第一,每一个经济实体内部的供给方和需求方有所差异;第二,企业是各种无形资产的创造者和交易者;第三,各国经济发展水平和实力的科层结构明显;第四,各国经济结构升级和发展具有相应的阶段性和继起性;第五,各国政策中有一种从内向型向外向型转变的趋势。在小泽辉智看来,第三和第四点最为重要。前者说明经济发展水平的差异决定了利用外资和对外投资的形式和速度;而后者则说明一个国家的产业结构升级是一个循序渐进的过程,这一过程是利用外资和对外投资经验的积累。各国经济发展水平具有阶梯形的等级结构,创造了技术在发达国家与发展中国家间转移的机会。强调发展中国家的对外直接投资应以增强比较优势为基础,将经济发展、比较优势和对外直接投资行为之间的相互关系与作用联系起来,从而对母国产业竞争力的提升有推动作用。具体而言,该理论将发展中国家的对外直接投资过程分为以下四个阶段:国外企业向国内的投资净流入;由单一的国外企业直接投资流入向国内企业直接投资流出的转型;由劳动密集型产业资本输出向技术密集型产业输出为导向的对外直接投资转变;以及资本密集型产业资本输入向资源型产业资本输出的交叉型对外直接投资。此外,小泽辉智还提出了跨国公司对外直接投资的模式选择,认为对外直接投资模式的确定应以投资母国所拥有的和潜在的比较优势得以发挥为基础,这一比较优势是指在两个或多个主体国家(地区)中所体现出来的相对优势。发展中国家(地区)的对外直接投资模式应该保证将这一比较优势最大程度地发挥,并与工业化战略紧密联系,最终实现经济发展、比较优势和对外直接投资三者的有机结合。

从小泽辉智的动态比较优势投资理论可以看出,其基本原理是将对外直接投资划分为不同的阶段，并以动态的比较优势作为分析对外直接投资的决定因素，而这一分析方式也决定了企业对外直接投资的模式选择。该理论最大的贡献在于强调了以发展中国家（地区）为投资主体的对外直接投资发展的不同阶段及不同模式，以及选择不同模式的重要性，还提出投资模式对应不同的出口导向战略，并以不同国家的比较优势为基本依据。

总之，与传统发达国家投资理论相比，小规模技术理论、技术地方化理论、技术创新升级与产业升级理论、投资发展周期（IDP）理论以及动态比较优势投资理论等发展中国家对外直接投资理论，考察的主体为发展中国家，且这些发展中国家的经济发展水平也比较相似。发展中国家的投资理论同样认为企业开展对外直接投资也需要具备一定优势，但对于优势这一概念的理解则更为丰富，而且对企业竞争优势的来源和演变等问题进行了深入的研究，使其对发展中国家的对外直接投资更具有理论和现实的指导价值。值得一提的是，邓宁的投资发展周期理论、坎特威尔的技术升级与产业升级等理论，将对投资的分析过程动态化，并且表明发展中国家的外资引进不仅与其技术进步有着密切的关系，而且还促进和推动了对外直接投资活动。相对于传统投资理论，显然发展中国家的投资理论对于中国的对外直接投资实践研究更具有参考价值。

尽管上述理论为研究发展中国家的对外直接投资提供了新的分析思路，但是由于各发展中国家在经济体制、经济发展水平、文化、制度、自然资源禀赋、产业结构等多方面具有差异，在分析和解释中国企业对外直接投资方面仍存在一定的局限性。具体表现：首先，发展中国家投资理论无法全面反映发展中国家对外直接投资的整体情况，尤其是无法解释发展中国家对发达国家的"反向"投资。其次，将发展中国家企业的竞争优势局限在小规模生产技术，使得理论仅可能部分地解释中国企业的对外直接投资（如中小企业与民营企业），但对于大中型企业和部分国有企业的投资行为却无法适用。从当前中国对外直接投资企业投资行业分布情况来看（详见本书第三章第二节相关内容），中国企业的对外直接投资不仅局限于小规模技术，还有能源行业和制造行业。第三，大量统计数据表明，近年来中国企业的对外直接投资开始集中于发达国家（地区），这几乎与上述我们所提及的发展中国家理论是矛盾的。中国企业所制造的产品并不单一满足那些经济更加落后的发展中国家的需要，而是要销售到以发达国家（地区）为主的全球市场。发达国家由于其自身投资环境优越，法律健全，制度完善，投资机会也相对较多，因此充分利用发达国家的有利条件和优惠政策开展投资活动，更有利于巩固和扩大在全球范围内的产品市场的占领与控制。第四，在发起反倾销调查案件数量方面，发达国家占比一直较高，因此通过开展对外直接投资来实现对贸易壁垒的规避也逐渐成为发展中国家企业的重要投资原因。

综上所述，我们应该理性借鉴发展中国家的对外直接投资理论，尤其在将其应用于对中国的对外直接投资活动进行解释和研究时更不能简单地套用。由于中国与其他发展中国家也存在着明显的差异，因此对于中国对外直接投资活动的理论与实践研究应力求寻找和构建一个符合中国实际情况的理论分析框架。

第二节 对外直接投资决定因素的文献综述

一、基于东道国决定因素分析

（一）东道国生产要素角度的决定因素分析

在对外直接投资理论发展过程中，学者们逐渐意识到对外直接投资往往流向那些具有较低生产要素价格的国家或地区，于是形成了要素决定理论，旨在研究东道国的要素优势是否决定了对外直接投资的发生与发展 [里德尔（Riedel, 1975）]。这一理论与原来的区位优势决定理论有许多相同之处。从东道国角度来看，一国对于对外直接投资的吸收与其自身所具有的发展优势有关，这种优势不仅取决于其经济发展水平，而且也表现在以资源和劳动力成本为特征的比较优势（张为付，2008）。故对该理论的验证也多以东道国劳动力价格和对外直接投资流入为主［施奈德和弗雷（Schneider and Frey，1985）；陈和摩尔（Chen and Moore，2010）］。但汤姆森（Thomsen，1991）却得到相反的结果，其对瑞典的研究发现，瑞典的对外直接投资倾向于直接投资于劳动力成本相对较高的国家，对其结果解释为：在劳动力市场不完全的条件下，劳动力的成本未准确反映劳动生产率的变化，即可能伴随名义单位劳动力工资上升，劳动力生产率同时提高，此时，尽管名义劳动成本上涨，但实际劳动力成本依然存在下降的可能。

（二）基于东道国角度的贸易保护因素

有关贸易保护对对外直接投资影响的研究成果表明，较高程度的贸易保护会带来企业出口成本的上升，从而促进对外直接投资的发生。通常我们称之为跨越壁垒型对外直接投资。有关贸易保护和对外直接投资直接影响的研究较少，可能与产业层面的非关税壁垒的连续数据缺乏有关。一些企业层面研究使用不同贸易保护措施作为控制变量，但其得到的结果也是不统一的，如格雷贝特和穆蒂（Grubert and Mutti，1991），科格特和章（Kogut and Chang，1991），尼根（Blonigen，1997）等。尼根（Blonigen，2002）的研究表明，发展中国家跨国公司存在显著动机开展关税壁垒跨越型对外直接投资。这也从另一角度证明了为何对于两者关系的研究结果不一致。因为对外直接投资意味着需要大量资金投入，而很多从事出口贸易的中小企业存在融资难的问题，故难以顺利开展对外直接投资。

二、从投资母国角度发展对外直接投资问题研究

（一）基于 IDP 理论认为经济发展水平是重要的决定因素

在有关对外直接投资决定因素的研究中，经济发展水平一直以来

是国内外学者广泛认可的决定因素之一,如邓宁(Dunning,1981,2001),托伦蒂诺(Tolentino,1993),纳鲁拉(Narula,1996),巴克利和卡森(Buckley and Castro,1998)等。其中邓宁(1981)从投资发展周期(IDP理论)角度对 1967—1978 年 67 个国家(包括发达国家和发展中国家)的对外直接投资流量数据与经济发展水平资料进行实证研究。结果发现一国的对外直接投资流量与其经济发展水平在一定阶段内呈正相关关系,表明经济发展不同阶段下的对外直接投资差异。结合对外直接投资净额与人均国民收入的关系,总结两者变化规律,利用该指标数值将一国的经济发展分为四个对外投资发展的不同阶段,赋予理论研究以动态性质。但是这一理论上的投资阶段的划分也受到一些学者的质疑。当一国经济发展水平较低时,两者的关系便不那么显著了(Tolentino,1993)。但并非所有研究都对上述结论持否定态度,巴尔里(Barry,2003)等认为经济发展水平与对外直接投资符合 IDP 理论。

国内学者分别从不同角度对这一理论进行验证,如陈漓高、张燕(2001)运用省级面板数据,李辉(2007)运用 55 个国家和地区面板数据,张西林运用 1982—2008 年共 27 年的时间序列数据验证了经济发展水平与对外直接投资直接存在较为密切的关系。通过计量模型检验,张为付(2007)认为经济发展是中国对外直接投资的格兰杰原因,并且中国对外直接投资处于 IDP 理论的第二阶段。但李佩璘(2010)则得出中国处于第三阶段的结论。

上述有关文献是以母国的经济发展水平开展研究的,在分析过程中以下两方面的原因都可能会导致结论的不一致:一是不同类型东道国作为研究对象的样本选择,即研究对象是发达国家、发展中国家或者欠发达国家;二是对外直接投资数据的选择,即使用流量、存量或者投资净额数据。但无论最终是何结论,有关经济发展水平作为对外直接投资重要决定因素的重要地位是肯定的。

(二)基于 OLI 理论的决定因素分析

在主流的对外直接投资理论中,OLI 理论应用最为广泛,且多为基于对外投资企业角度分析对外直接投资的产生原因和区位选择。一些学者将该理论作为研究和解释企业开展对外直接投资决定因素的理论依据。邓宁（2003）运用 OLI 范式分析认为，中国的对外直接投资决定因素可归为企业的所有权优势（O）、区位优势（L）以及内部化优势（I）。埃代内尔和夏汝罗（Erdener and Shapiro，2005）利用扩展的 OLI 理论解释中国家族企业的对外直接投资时，认为企业的所有权优势不是技术和专有知识，而是其特有的关系契约；将内部化优势归结于这种家族企业超强的内部控制机制；将区位优势归结为企业在非结构化和非稳定的经营环境中具有非家族企业所缺少的有效运作的能力。此外，家族企业通过其特有的社会关系控制实现对专有资产的层级控制，从而证明这种关系资产成为一种特殊的"所有权优势"。莫恩和托马斯（Moon and Thomas，2001）通过对拉丁美洲企业对发达国家的直接投资进行研究发现，这些企业开展对外直接投资的决定性因素是其拥有包括技术能力、集团关系、先前的国家所有权、国际化和联盟的经验等在内的独特的所有权优势。

（三）基于母国角度的不完全竞争理论

在寡头垄断竞争的市场环境下，每一个寡头垄断厂商都占有某一相对市场份额，此时个别厂商的对外直接投资行为可能会引发其他厂商跟随发生投资行为，以维持后者市场份额的稳定［尼克博克（Knickerbocker，1973）］。这一观点得到费里德里希（Friedrich，1985）的肯定，在其对加拿大以及欧洲对美国的对外直接投资研究中对该理论进行了验证。由于任何情况下，寡头垄断厂商都会关注其他厂商的 FDI 行为［拉奥和斯特里登（Lall and Streeten，1977）］，因此寡头垄断厂商的对外直接投资取决于他们所处的特殊的市场环境。

该理论解释了寡头垄断市场环境是厂商进行对外直接投资的决定因素，但其只针对厂商的对外直接投资予以解释，而最初的厂商开展对外直接投资受何因素影响却未予说明。

三、双边决定因素的影响

（一）制度因素

在传统跨国公司理论中，往往忽略了对制度因素的关注。从母国制度决定因素角度而言，近年来，越来越多的学者开始关注制度因素在企业对外直接投资中的决定作用，因为发展中国家的对外直接投资更倾向于受母国国家经济政策和制度的影响（Dunning 等，2008）。而那些尚处于经济自由化和制度转型中的发展中国家，则通常存在制度空缺，而这恰恰成为这些国家独特优势的重要来源。当发展中国家政府制定强有力的支持政策时，若企业能够将这一优势转移至具有相似制度环境的东道国，则相对于发达国家跨国企业而言，发展中国家企业则具有明显的竞争优势 [卡纳和帕利普（Khanna and Palepu，2006）]。从制度视角研究决定因素，主要从两方面展开：一是开展对跨国公司子公司合法性的考察；二是从制度因素对企业对外直接投资行为的影响角度进行研究。

此外，东道国制度质量也是影响和决定对其直接投资的重要因素，尤其对于那些经济欠发达国家而言。首先，一国有关资产保护方面的法律不健全会加大对外直接投资企业资产征用风险，进而减弱其他国家对该国直接投资的热情。第二，制度质量较低将会加大投资者的运营成本，从而导致对外直接投资的削减。第三，制度质量较低意味着东道国基础设施不完善，同样会导致投资的减少（布鲁斯，2005；张为付，2011）。现有文献大多使用跨国数据，选取代表变量来表示东道国制度质量时往往引入腐败指数。利普西和默尔（Lipsey and Merle，1984）的研究表明，腐败程度与一国 FDI 有着显著负相关关系。而其他学者如惠勒和英迪（Wheeler and Mody，1992）却未得到相同的结论。

（二）影响对外直接投资的汇率因素

有关影响对外直接投资的汇率因素可归结为两种：一是东道国与母国的双边汇率变动，二是汇率波动。20 世纪 90 年代以前，大量学者的分析普遍认为汇率水平高低不会影响一国企业的对外直接投资。因为当本币升值时，尽管外国资产购买成本下降，但同时以本币计算的投资回报收益也在下降，反之亦然。但是，需要注意的是，上述研究结论存在这样一个前提，即汇率市场是完全的，这与现实的资本市场的市场不完全是完全不同的。当存在资本市场不完全时，意味着资本的内部成本往往低于外部成本，即利用内资成本低于利用外资成本，进而促进企业对外直接投资。当本币升值时，由于投资母国企业财富的增加，促使企业以更为低廉的成本向货币贬值的国家开展对外投资。弗洛特和斯坦（Froot and Stein，1991）利用美国行业层面对外直接投资数据开展实证研究，发现美元的货币贬值的确促进其对外直接投资流入量的增加。与此有相同结论的还有克莱因和罗森格伦（Klein and Rosengren，1994），布洛尼根（Blonigen，1997），布鲁贝特和穆蒂（Grubert and Mutti，1991）以及科格特和章（Kogut and Chang，1991）等。

有关双边汇率变动对直接投资的影响也适用于无形资产投资交易。当企业的并购动机为购买其所特有的可转让的无形资产（如技术、管理技能等）时，汇率升值则将会降低以外币表示的无形资产价值，但这不意味着必然会降低投资的名义回报。换言之，一国货币的贬值会促进外国开展跨国经营的企业购买更为廉价的可转让资产，而本国企业却没有这样的机会。Blonigen（1997）利用美国产业层面数据研究日本企业对美国对外直接投资与日元相对于美国汇率升值之间的关系，并对上述结论进行确认。其实证分析表明，日元的升值促进其对美国的直接投资，此外还进一步发现日本跨国公司更倾向于收购与兼并美国具有较高技术含量的企业。此外，汇率波动预期也将对一国对外直接投资产生影响，库什曼（Cushman，1988）利用企业层面模型分析对外直接投资受汇率预期、贸易联系以及企业所采取的融资方式选择等方面因素的影响。

上述研究都存在一个隐含假设，即汇率变动对直接投资的影响是相称的，并且汇率波动幅度较小。在研究美国对遭遇货币危机的拉丁美洲（1982 年）、墨西哥（1994 年）和东南亚（1997 年）三个地区的对外直接投资时发现，在货币危机期间汇率波动较大，但美国上述三个地区的直接投资比较稳定。德赛，弗利和海恩斯（Desai，Foley and Hines，2004）的研究验证了这一点，通过对比货币危机时美国海外分公司与东道国本地公司的投资表现时发现，美国分公司会扩大投资，这主要是因为相对于当地公司而言，分公司受到母公司的支持而具有更强的融资和投资能力。

上述关于汇率与 FDI 关系的研究多以美国数据为样本，且目前关于汇率与 FDI 关系的研究还仅仅是利用国家层面的宏观数据，缺少以企业微观层面数据的实例研究，同时，在考虑汇率对对外直接投资影响时，并未区分双边汇率和东道国自身汇率波动所带来的不同影响，所以有关汇率与对外直接投资的关系有待于深入展开研究。

（三）影响对外直接投资的贸易效应因素

在国际经济学的局部均衡分析模型中，最普遍的观点认为，FDI 对产品出口具有替代作用。如巴克利和卡森（Buckley and Casson，1981）所建立的分析模型认为，若通过产品出口服务国外市场，则需要较少的固定成本，但需要较高的运输和关税壁垒等可变成本，而通过对外直接投资在国外生产服务当地市场，需要有较高的固定成本、可变成本。从这一分析视角来看，若东道国对产品需求足够大，则投资国企业将会由产品出口转向对外直接投资。利普西和韦斯（Lipsey and Weiss，1981，1984）通过对美国 FDI 与东道国的出口数据的回归研究发现，两者之间确实存在正相关关系。但是这一研究只能说明投资国对东道国的出口与对外直接投资保持相同方向的变化，并不能说明其相互之间的影响关系。如格鲁贝特和穆蒂（Grubert and Mutti，1991）利用与李普西和韦斯（Lipsey and Weiss）相似的数据进行实证分析时发现，出口销售与 FDI 呈现负相关关系。尼根（Blonigen，2001）则进一步深化了对这一问题的研究，他认为出口产品有两种类型，一是满足最终消费需要的最终产品，二是用于生产最终产品的中间投入品。第一种产品的出口与 FDI 具有相互替代性，因此 FDI 与出口规模呈现正相关关系，第二种产品出口与 FDI 具有互补性，所以 FDI 与出口规模呈现负相关关系。李普西和韦斯（Lipsey and Weiss）的研究与格鲁贝特和穆蒂（Grubert and Mutti）的研究之所以有相反的结果，是由在不同的阶段两种产品出口规模变化造成的。Blonigen（2001）利用 HTS 产品分类体系中的 10 位数代码层面的产品数据，对日本与美国间的 FDI 与出口贸易做了实证研究，结果表明他提出的假设是正确的。黑德和里斯（Head and Ries，2001）以及汤姆森和尼克莱德斯（Thomsen and Nicolaides，1991）分别利用日本对美国出口和 FDI 的公司及产业层面上的数据进行了类似的实证研究，也证明了这一假设。

第三节 对中国 OFDI 的相关实证研究文献综述

一、基于东道国角度的实证研究

从东道国角度出发，卡伊（Cai，1999）将中国企业对外直接投资动因归纳为：寻求扩大出口市场（Market-Seeking）、寻求稳定的资源供应（Resource-Seeking）、寻求技术和管理技能（Technique and Management Seeking）以及寻求金融资本（Financial Capital-Seeking）。而 Buckley 等（2007）利用中国在 1984—2001 年对 49 个国家的对外直接投资数据进行实证研究发现，中国企业对外直接投资与东道国市场规模、自然资源禀赋、政治风险、文化差异等有显著正相关性，而资产寻求的动机却不显著。此外，一些学者从东道国角度分析影响中国对外直接投资的因素。如加尼（Gani，2007）、魏（Wei，2010）等认为东道国的制度规范促进了中国企业的对外直接投资，但科尔斯塔德（Kolstad.I，2009）却得出相反的结论，认为中国更倾向于向制度不完善的国家开展对外直接投资活动。

项本武（2009）利用 2000—2007 年中国对外直接投资的面板数据，采用 GMM 估计检验方法重点考察了中国对外直接投资区位分布的影响因素，研究发现，东道国市场规模对中国在东道国的投资具有显著的负效应，中国与东道国的双边汇率对中国在东道国的投资具有显著的正效应。

二、基于投资母国角度的实证研究

从母国角度出发，米希科等（Michiko 等，2011）将中国的对外投资原因归结为三点：中国经济进入了新的增长期；中国企业希望通过并购国外企业对技术落后的领域增强竞争力；需要稳定的自然资源供给以维持高增长。同样，拉马沙米（Ramasamy，2012）等依据 2006—2008 年中国上市公司年报数据，分析认为中国国有企业对外直接投资更倾向于对自然资源丰富的国家投资，而私营企业则表现为更显著的市场寻求动机。但是，张五常和钱（Cheung and Qian，2009）认为，尽管有研究表明中国对外直接投资主要动机为市场寻求和资源寻求，但对非洲国家和石油输出国却并未表现出明显的自然资源寻求动机。

三、基于东道国与母国双边关系的实证研究

此外，研究利用双边关系或双边数据开展研究，宗方宇等（2012）建立了中国与东道国双边投资协定以及东道国与母国制度环境对发展中国家企业对外直接投资影响的分析框架，得出双边投资协定有利于企业对外直接投资行为的结论。张为付等（2011）从内外部引力和环境支撑力方面对影响对外直接投资作用力进行了实证分析。程慧芳（2004）、唐宜红等（2009）、杜凯等（2010）、蒋冠宏（2012）等分别考察了贸易壁垒、劳动成本以及双边地理距离、双边贸易等因素对中国对外直接投资的影响。

现有关于对外直接投资决定因素实证研究文献大多依据宏观数据

进行分析，原因在于缺少企业样本数据，因此基于微观层面的研究非常有限。目前，采用企业层面数据进行研究的国内学者，如田巍、余淼杰（2012）利用浙江省制造业企业数据企业生产率对对外直接投资的影响，并得出生产率越高的企业的投资额度越大的结论。葛顺奇、罗伟（2013）利用 2007 年中国工业企业数据考察企业对外直接投资决策的影响因素也得到了相似的结论。国外学者，如 Helpman 等（2004）通过建立理论模型，分析企业生产率对企业选择出口或者对外直接投资的决策影响，并结合美国商务部经济分析局关于跨国公司子公司以及美国贸易统计数据开展实证检验，证实当生产率高于某一阈值时，企业能够由出口转向对外直接投资。马哈茂德和凯瑟琳（Mahmut and Catherine，2007）利用土耳其制造企业数据分析了生产率与对外直接投资、进口贸易、贸易许可之间的联系。尽管有关对外直接投资的企业层面数据研究开始逐渐出现，但由于使用数据的局限性，如田巍、余淼杰（2012）使用的浙江省数据，Helpman 等（2004）以及 Mahmut 和 Catherine（2007）使用的美国和土耳其的数据，并不能说明中国企业的情况；以及由于研究角度的局限性，如在葛顺奇、罗伟（2013）的研究中未考虑对外直接投资与企业生产率是否存在反向因果关系等。因此，有关企业层面的实证分析研究尚有待于更进一步的改进与完善。

第四节　　总结及评价

综上所述，对中国对外直接投资理论及影响因素从不同的视角为进一步的研究提供了一定的理论依据。但存在如下几个问题需要补充和完善。

第一，缺少对中国对外直接投资特色的研究和系统的分析框架。中国企业对外直接投资往往受政府政策影响制约；此外，以往文献有关对外直接投资问题研究多以实证分析为主，缺少有关对外直接投资决定因素理论模型的建立。

第二，在对外直接投资决定因素分析方面，首先，缺少针对不同类型东道国的差异性分析。现有文献在开展经验分析时，虽然有的已将东道国划分为发达国家、发展中国家和欠发达国家三种类型，但这种处理只是简单地将样本国家分为三部分，变量选取依然相同，并未因国家类型的不同而有所差别。其次是研究视角问题，已有文献对中国对外直接投资的决定因素进行研究，多以东道国作为决定因素变量，忽略了母国因素，进而造成研究视角比较单一。

第三，实证研究中的问题。首先是样本选择问题，文献研究中样本量较小，且选择具有一定的非随机性，因而可能导致样本选择偏差问题；此外，现有中国对外直接投资问题的文献多建立在对宏观跨国数据的分析，缺少微观企业层面问题的研究；再次，有关数据质量方面，如巴克利等（Buckley 等，2007）以及张五常和钱（Cheung and Qian，2008）的研究中所使用的是对外直接投资核准数据而非实际投资数据，由于核准数据中不包括利润再投资，故可能导致对中国对外直接投资数据的低估，加之研究的时限，需要对当前的数据做进一步的实证检验，从而得出符合实际发展的结论。

第四，有关研究方法问题。程慧芳（2004），科尔斯塔德（Kolstad，2009）等使用的是截面数据分析，从而忽略了问题研究的时间趋势和国家个体固定效应。并且在分析企业层面决定因素时，只从生产率对企业对外直接投资的影响展开分析，并未考虑对外直接投资与企业生产率是否存在反向因果关系等。

第五，缺乏有针对性的投资策略。现有文献对于企业对外直接投资的政策建议多为宏观层面的总结与概括，而缺少不同性质企业在对不同东道国投资时所采取的不同投资策略的研究。

第三章 中国对外直接投资发展现状与阶段分析

　　尽管国际形势复杂多变，世界经济复苏步伐缓慢，中国经济依旧保持平稳增长。2013 年，中国实现国内生产总值（GDP）约 9.4 万亿美元，人均 GDP 约 6767 美元，位居世界第二位[①]。同时，中国政府继续加快实施"走出去"战略步伐，大力推动对外直接投资便利化，鼓励具备投资条件的各类所有制企业开展对外直接投资。尽管 2012 年全球外国直接投资流量相比 2011 年下降近 20%，但中国对外直接投资仍创下 878 亿美元纪录，在 2012 年成为世界第三大对外投资国[②]。改革开放三十多年以来，中国的经济增长速度不断加快，企业国际化经济水平也逐渐提高，国内经济与外部经济的互动关系日益显著。伴随着中国政府"走出去"战略的深入实施，我们有必要明确当前中国的对外直接投资正处于哪一发展阶段、发展的路径如何，从而为政府完善相关支撑体系和制定相关政策提供理论依据和建议。

---

① 联合国贸发会议数据库。
② 2012 年度《中国对外直接投资统计公报》。

第一节　依据 IDP 理论的中国对外直接投资必然性解释

一、投资发展周期理论与阶段的划分

在 20 世纪 80 年代初，邓宁依据 OLI 三优势理论，即所有权优势、区位优势理论和内部化优势理论，对不同国家的对外直接投资开展分析与研究，并提出投资发展周期理论，这一理论是对国际生产折中理论的进一步运用与延伸。在检验一国的直接投资流量与该国的经济发展水平直接关系时，邓宁使用国民生产总值（GNP）代表一个经济体国家的经济发展水平，用净流量即一国对外直接投资流量（流出量）与其外商直接投资流量（流入量）的差额来代表其参与国际投资的程度与地位。邓宁将一国经济发展水平与国际直接投资地位的关系划分为四个阶段，见表 3.1 和图 3.1。

1998 年，邓宁又提出对外直接投资的第五阶段，此阶段特征表现为：一国对外直接投资净流量虽然为正值，但对外直接投资的增速低于外商直接投资流入的增速，即在此阶段对外直接投资受经济发展的影响程度减弱。第五阶段更多地表现为发达国家直接的交叉投资。

表 3.1　　早期投资发展周期理论主要内容

经济发展阶段（人均 GDP）	外商直接投资（流入）	对外直接投资（流出）	净对外直接投资	跨国投资特点
第一阶段（人均 GDP 在 400 美元以下）	外国企业所有权优势充足　外国企业内部化优势充足　国内区位优势不足	无本国企业所有权优势　本国企业内部化优势不适宜　外国内区位优势不适宜	无	有少量外资流入，没有对外直接投资
第二阶段（人均 GDP 在 400～2000 美元）	外国企业所有权优势充足　外国企业内部化优势充足　国内区位优势增加	本国企业所有权优势少　本国企业内部化优势少　外国内区位优势少	负数（增加）	外资流入增加，少量对外直接投资
第三阶段（人均 GDP 在 2000～4750 美元）	外国企业所有权优势下降　外国企业内部化优势下降　国内区位优势下降	本国企业所有权优势增加　本国企业内部化优势增加　外国内区位优势增加	负数（下降）	对外直接投资增加，增速有可能超过外资流入增速，但对外净投资仍为负
第四阶段（人均 GDP 在 4750 美元之上）	外国企业所有权优势下降　外国企业内部化优势下降　国内区位优势下降	本国企业所有权优势增加　本国企业内部化优势充足　外国内区位优势增加	正数	对外直接投资超过外资流入
第五阶段（人均 GDP 在 5000 美元之上）	国内区位优势与国内企业所有权优势均表现成熟　净对外直接投资减少到零，并在零附近波动　对外直接投资路径与该国经济发展水平未表现出明显的相关关系			

资料来源：根据库马尔和麦克劳德（Kumar and Mcleod，1981）并结合本研究整理。

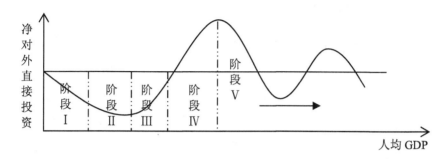

图 3.1 投资发展周期理论模型

依据上述理论，中国 2012 年人均 GDP[①]为 3374 美元，由此我们推断中国的对外直接投资处于投资周期理论的第三阶段。

二、中国当前所处投资发展阶段的分析与验证

本部分内容我们主要采用投资头寸指数（Investment Position Index，IPI）和计量模型来探讨中国对外直接投资所处的阶段。在此，我们利用 1982—2012 年中国对外直接投资（Outward Foreign Direct Investment，OFDI）以及外商直接投资（Foreign Direct Investment，FDI）年度数据分析，数据来源于联合国贸发会议数据库以及各年度中国《对外直接投资统计公报》。其中 OFDI 以及 FDI 两个指标均使用各年度流量数据[②]。关于经济发展水平的测度，我们依据相关理论选用中国各年度的 GDP 以及人均 GDP 指标数据作为代表，并且有关 GDP 以及人均 GDP 指标均以 2005 年不变汇率折算为美元。在上述原始数据基础上，我们通过计算得到净对外直接投资头寸（NFDI）和净对外直接投资头寸指数（IPI），详见表 3.2。

---

① 剔除通货膨胀因素影响后的数值。
② 由于存量数据是由流量数据汇总而来的，我们认为相对于存量数据而言，流量数据平稳性更优，更适合本书分析。

表 3.2　1982—2012 年中国对外直接投资、GDP 数据

年份	对外直接投资（OFDI，百万美元）	外商直接投资（FDI，百万美元）	GDP（百万美元）	人均GDP（美元）	净对外直接投资头寸（NFDI）	净对外直接投资头寸指数（IPI）
1982	44	430	251221.3	253.19	−386	−0.90
1983	93	916	278486.3	276.71	−823	−0.90
1984	134	1419	320749.5	314.01	−1285	−0.91
1985	629	1956	363942.2	350.83	−1327	−0.68
1986	450	2243.73	396137.9	375.71	−1793.73	−0.80
1987	645	2313.53	442023.6	412.22	−1668.53	−0.72
1988	850	3193.68	491886.5	451.07	−2343.68	−0.73
1989	780	3392.57	511872.8	461.88	−2612.57	−0.77
1990	830	3487.11	531523.8	472.5	−2657.11	−0.76
1991	913	4366.34	580312	508.91	−3453.34	−0.79
1992	4000	11007.51	662952.5	574.22	−7007.51	−0.64
1993	4400	27514.95	755529.3	646.97	−23114.95	−0.84
1994	2000	33766.5	854357.7	723.76	−31766.5	−0.94
1995	2000	37520.53	947696.10	794.57	−35520.53	−0.95
1996	2114	41725.52	1042546	865.40	−39611.52	−0.95
1997	2562.49	45257.04	1139472	936.90	−42694.55	−0.94
1998	2633.81	45462.75	1228731	1001.26	−42828.94	−0.94
1999	1774.31	40318.71	1322358	1068.60	−38544.40	−0.96
2000	915.78	40714.81	1433850	1149.90	−39799.03	−0.98
2001	6885.40	46877.59	1552864	1236.79	−39992.19	−0.85
2002	2518.41	52742.86	1694175	1340.89	−50224.45	−0.95
2003	2854.65	53504.70	1863593	1466.43	−50650.05	−0.95
2004	5497.99	60630	2051815	1605.61	−55132.01	−0.91
2005	12261.17	72406	2283671	1777.36	−60144.83	−0.83
2006	21160	72715	2573697	1992.39	−51555	−0.71
2007	26510	83521	2939162	2263.37	−57011	−0.68
2008	55910	108312	3221321	2467.93	−52402	−0.48
2009	56530	95000	3517683	2681.52	−38470	−0.40
2010	68811	114734	3880004	2943.42	−45923	−0.40
2011	74654	123985	4236964	3144.16	−49331	−0.40
2012	84220	121080	4567448	3374.30	−36860	−0.30

　　资料来源：联合国贸发会议数据库、各年度中国《对外直接投资统计公报》并经由作者对相关数据整理计算得到。

（一）净对外直接投资头寸指数分析

依据根据国际货币基金组织的定义，净投资头寸是指一个经济体对外金融资产的存量与其对外金融负债的存量的差额。本章借鉴这一概念，构造净对外直接投资头寸指数（IPI），即将其表示为（直接投资流出－直接投资流入）/直接投资流入，或者（对外直接投资－外商直接投资）/外商直接投资。这一指数的构思源自邓宁的投资发展阶段理论，并结合宿玉海等（2010）的研究，构造的 IPI 指数应呈现以下的变动规律：当某一国家既没有外商直接投资，也没有对外直接投资发生时，IPI 指数的值是不存在的[①]。当该国处在邓宁投资发展阶段理论的第一阶段时，由于该国家有外商直接投资流入，但尚未发生对外直接投资，此时 IPI 指数的值为-1；一旦该国对外直接投资 IDP 的取值开始增加，如果 IPI 指数的值属于（-1，0），我们可以初步断定该国一定处于邓宁投资发展阶段理论的第二阶段，即开始接受外商直接投资，并开始有少量的对外直接投资；当 IPI 的取值无限接近 0 时，说明该国尽管净对外直接投资为负值，但对外直接投资增速开始超过外商直接投资的增速，即处在第三阶段；当 IPI 指数的值位于（0，1）时，则说明该国已然成为直接投资的净供给者，此时处于投资发展阶段理论的第四阶段。当 IPI 的值大于 1 时，数值越高说明净对外直接投资额越大，而当一国进入第五阶段时，IDP 的值则可能开始下降，并围绕 0 上下波动。

需要说明的是，本章构建 IPI 指数的目的并非是要替代邓宁投资发展阶段理论中的国际投资绝对数指标，而是为了解决单一使用绝对数指标值会导致一些投资演进路径重要变化无法观测的问题。在实际应用中，两个指标均显示其各自特有的优势。例如，当某国刚刚进入第五阶段时，净投资流向趋向内外均衡的情况时，IPI 的数值就会很低，接近于 0，并围绕 0 上下波动，但此时净对外直接投资的绝对数指标

[①] 宿玉海，宋凡. 日元升值、经济泡沫破灭及对中国的启示[J]. 宏观经济研究，2010（6）：71-74.

则可能表现出持续上升的走势，无法反映投资流动的均衡趋势。而当一国人均 GDP 尚处于刚刚超过 400 美元的阶段时，绝对值指标的变化幅度较大，而相对的 IPI 指数数值只是在一个很小的范围内变动，此时绝对值指标凸显出其优势。总而言之，两个不同的指标可以从不同的角度反映一国国际投资和人均 GDP 的变化关系，两者并非替代而是相互补充的关系。

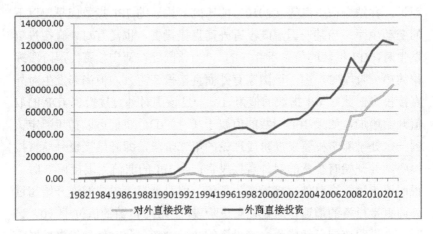

资料来源：联合国贸发会议数据库和各年度中国《对外直接投资统计公报》。

图 3.2　1992—2012 年中国对外直接投资和外商直接投资规模

由图 3.2 可以看出，尽管中国的对外直接投资规模在 2002 年以后开始有了较大幅度的提升，但其规模仍旧小于外商直接投资，外商直接投资在 2011 年达到了一个最高峰，为 1239.85 亿美元。而对外直接投资有明显的持续增加，并且自 2002 年开始，对外直接投资的增速基本快于外商直接投资的增速，两者的差距正在缩小。

由图 3.3 我们可以看出，1982—2012 年中国的 IPI 在（-1，-0.3）区间内波动，1996—2000 年有小幅度下降，自 2002 年开始出现明显增长趋势，这与前文对中国对外直接投资历史发展的描述是一致的，并且 2002 年开始出现的增长与同年中国开始实施"走出去"战略有着显著的相关性。

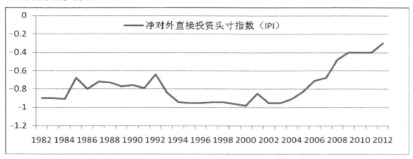

资料来源：联合国贸发会议数据库和各年度中国《对外直接投资统计公报》。

图 3.3　1982—2012 年中国 IPI 走势图

（二）中国对外直接投资发展阶段的实证检验

根据邓宁的国际生产折中理论，跨国公司进行国际经济活动是企业所有权优势、区位优势和内部化优势共同作用的结果。企业进行对外直接投资并不是一个孤立的行为，这种行为与国际贸易、资源转让等活动有机地整合在一起，因此一个国家的对外投资活动与本国经济发展程度有着密切联系，而这种联系的基础就是企业三种优势相对他国的变化。根据一国经济发展水平，邓宁对有关对外投资活动阶段的划分对尚处于发展中国家的中国来说具有重要的借鉴意义。下面我们将对中国的对外直接投资和经济发展水平的关系进行探讨，并尝试以分段的方式建立对外投资模型。

1. 样本数据和分析方法

本章在开展有关中国经济发展水平和对外直接投资关系的实证研究时，所使用的数据为 1982—2012 年中国宏观经济数据，具体包括国内生产总值、外商直接投资和对外直接投资，分别用 GDP、FDI、OFDI 表示，其中国内生产总值来自各年度《中国统计年鉴》，并经当年汇率折算后再以 2005 年不变价格进行计算而得。外商直接投资和对外直接投资数据来自联合国贸发会议网站数据库，同样以 2005 年不变价格计算。此外，中国净对外直接投资为当年度中国对外直接投资额减去外商直接投资额的差值，用 *NDI* 表示。计量分析部分均借助计量软件 Eviews 6.0 完成。

2. 计量模型设定

随着经济发展和各国比较优势的变化，依据邓宁投资发展周期理论，一国对外直接投资将随人均 *GDP* 的变化呈现"U"形或"J"形曲线的特点，接近二次函数的图像。在第三阶段以前，投资发展路径呈"U"形，而在第三阶段以后，投资发展路径会出现倒"U"形[①]。依据图 3.4 以及表 3.3 中数据可知，中国 2012 年人均 GDP 为 3374 美元/人，尚处于第三阶段[②]。

表 3.3　1982—2012 年中国人均 GDP、人均净对外投资额　（单位：美元/人）

年份	人均 GDP	NDI	年份	人均 GDP	NDI
1982	253.1912	−0.38122	1998	1001.26	−33.8509
1983	276.7051	−0.80075	1999	1068.601	−30.2804
1984	314.0083	−1.2305	2000	1149.902	−31.0826
1985	350.8257	−1.24918	2001	1236.788	−31.0525
1986	375.7068	−1.65775	2002	1340.89	−38.7737
1987	412.2248	−1.51244	2003	1466.433	−38.8775
1988	451.0653	−2.0834	2004	1605.608	−42.0722
1989	461.8782	−2.27978	2005	1777.364	−45.6273
1990	472.5007	−2.27994	2006	1992.386	−38.8758
1991	508.9135	−2.91912	2007	2263.366	−42.7259
1992	574.2205	−5.84507	2008	2467.932	−39.0264

---

① 宿玉海，宋凡. 日元升值、经济泡沫破灭及对中国的启示[J]. 宏观经济研究，2010（06）：71-74。

② 这里计算了在不考虑通货膨胀下人均 GDP 指标，结果是中国 2012 年人均 GDP 为 5979.87 美元/人，依据投资发展周期理论，中国则应处于第五阶段，但事实上中国对外直接投资并未发展到该阶段相应的规模，故在实证分析部分最终采用以 2005 年不变价格处理后的人均 GDP 数据。

续表

年份	人均 GDP	NDI	年份	人均 GDP	NDI
1993	646.9744	−19.0544	2009	2681.516	−28.47
1994	723.7646	−25.9123	2010	2943.424	−33.7714
1995	794.5678	−28.7027	2011	3144.162	−36.0491
1996	865.4043	−31.7426	2012	3374.295	−26.7671
1997	936.8999	−33.9648			

资料来源：本人依据联合国贸发会议数据库数据经整理、计算得出。其中 GDP 为以 2005 年不变价格为基础。

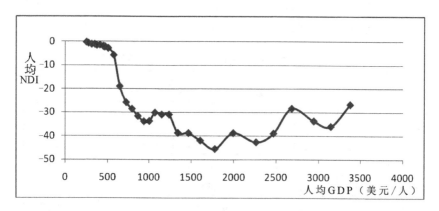

资料来源：联合国贸发会议数据库和各年度中国《对外直接投资统计公报》。

图 3.4　中国对外直接投资发展路径图

考虑到现有研究在对 IDP 理论进行实证检验时主要采用二次函数（模型 1）或者五次函数（模型 2）（Dunning，1981；Dunning & Rajneesh Narula，1996；Buckley & Castro，1998），本章也将分别运用二次函数和五次函数两个模型来进行实证检验，以此观察中国对外直接投资发展路径，并设立如下两个模型：

模型 1： $NDI_{pct} = \alpha + \beta_1 GDP_{pct} + \beta_2 (GDP_{pct})^2 + \mu_t$

模型 2： $NDI_{pct} = \alpha + \beta_1 (GDP_{pct})^3 + \beta_2 (GDP_{pct})^5 + \mu_t$

其中 t 代表时间，α 为截距项，β_1 和 β_2 分别为解释变量的回归系数，NDI_{pc} 和 GDP_{pc} 为人均净对外直接投资和人均 GDP，μ 为随机误差项，满足经典假设条件。

3. 关于序列平稳性的单位根检验

由于直接使用非平稳的经济变量建立回归模型会导致虚假回归问题，因此在对经济变量开展计量分析前，应首先考察时间序列的平稳性，这里我们对时间序列采用 ADF 检验，检验结果详见表 3.4。

表 3.4　对人均 GDP 和人均 NDI 的单位根检验结果

变量		ADF 统计量值	ADF 统计量临界值		
			1%的水平	5%的水平	10%的水平
原变量	NDI_{pc}	−0.609379	−4.296729	−3.568379	−3.218382
	GDP_{pc}	0.560622	−4.309824	−3.574244	−3.221728
一阶差分	NDI_{pc}	−3.544246	−4.309824	−3.574244	−3.221728
	GDP_{pc}	−2.368178	−4.309824	−3.574244	−3.221728
二阶差分	NDI_{pc}	−7.609328	−4.33933	−3.587527	−3.22923
	GDP_{pc}	−6.151191	−4.323979	−3.580623	−3.225334

依据单位根检验的判别规则，ADF 统计量值小于其临界值时的序列为平稳序列，由表 3.4 可知，NDI_{pc} 与 GDP_{pc} 两组时间序列在二阶差分后分别在 1%、5%和 10%的显著水平上拒绝存在单位根的原假设，表明 NDI_{pc} 与 GDP_{pc} 变量均为二阶差分平稳序列，即二阶单整。依据协整检验理论，两组已经通过平稳性检验的经济变量是否存在协整关系，还需通过进一步的协整性检验予以判定。依据表 3.4 中数据，我们首先使用最小二乘法对模型进行回归，再依据 EG 两部法进行协整

性检验。根据检验规则，我们首先对非平稳序列回归，之后判断随机误差项是否为平稳序列，若平稳则称模型中的解释变量与被解释变量间存在协整性关系。表 3.5 为协整性检验结论，依据该表我们可判定变量间存在协整关系。

表 3.5　协整性检验结果

残差 ADF 值	ADF 统计量临界值		
-2.0733	1%的水平	5%的水平	10%的水平
	-2.6534	-1.95386	-1.60957

由于变量间存在协整关系，我们可以对模型 1 和模型 2 分别进行回归，相关回归结果参见表 3.6。从表 3.6 中有关模型 1 和模型 2 的回归结果看，模型 1 即二次函数的显著性较好，可决系数 R^2 为 0.9177，同时回归系数 β_1 为负，β_2 为正，基本符合投资发展路径理论中的"U"形曲线特征。而模型 2 即五次函数的显著性较差，尽管回归系数 β_1 为负，β_2 为正，但可决系数 R^2 仅为 0.489577，显然模型 2 并未通过统计检验。

巴克利和卡斯特罗（Buckley and Castro，1998）通过对数据图形的研究与观察发现，五次函数模型更加适用对于该理论的分析。同时，在数学中二次函数存在这样的假设：在邓宁投资发展路径的初始阶段，一国的人均 NDI 应表现出急剧下降，而人均 GDP 则缓慢增长。但是，根据邓宁本人解释，在投资发展阶段初期，恰恰是人均 GDP 的增速显著快于人均 NDI 的变动速度。因此，二次函数在对这一理论进行解释时存在一定的局限性，相比之下，五次函数应该更适合描述投资发展路径在不同阶段的变化。但根据本章对中国的实际回归结果来看，并不支持模型 2 即五次函数的假设，因此，本书认为中国的人均 NDI 和人均 GDP 之间应该是一个二次函数关系。

表 3.6　模型 1 和模型 2 的回归分析结果

模型	Variable	Coefficient	Std. Error	t-Statistic	Prob
1	C	22041.87	3284.187	6.711516	0.0000
	GDP_{pc}	−75.42636	5.248178	−14.37191	0.0000
	$GDP_{pc}2$	0.017629	0.001538	11.46261	0.0000
2	C	−17422.30	3680.089	−4.734205	0.0001
	$GDP_{pc}3$	−6.21E−06	1.33E−06	−4.666049	0.0001
	$GDP_{pc}5$	5.30E−13	1.31E−13	4.056295	0.0004

模型	R^2	AIC	DW	ADF 值	误差项平稳性检验		
					ADF 统计量临界值		
1	0.917731	20.46470	0.762219	−2.62702	1%	5%	10%
					−2.6443	−1.95247	−1.61021
2	0.489577	22.28995	0.209431	−1.394	−2.644	−1.952	−1.61

　　本节我们通过选取中国 1982—2012 年宏观经济数据,基于投资发展周期理论,对中国当前对外直接投资发展阶段进行实证检验,结果表明:中国对外直接投资的发展路径与轨迹符合邓宁投资发展经济理论所假设的"U"形曲线特征,并且中国正处于投资发展周期的第三阶段。从图 3.4 可以看出,中国已经进入第三阶段中期,尽管对外直接投资开始显著增加,但与外商直接投资相比,缺口较大,净对外直接投资依然为负值。但是,依据投资发展周期理论,在此阶段中国的对外直接投资开始迅速增加,其增速有可能超过外资流入增速,直至进入第四阶段,即对外直接投资流出超过外资流入。

三、中国对外直接投资特质分析

　　本书通过回顾和总结中国对外直接投资的发展历程和发展特征,结合 IDP 理论分析判断中国当前所处的对外直接投资发展阶段,并对中国的对直接投资实践从总体规模、区位分布、行业分布以及进入模型等多方面展开分析，从而将中国对外直接投资的特质概括如下：

（一）中国国内经济实力大幅提升

作为崛起中的大国，近年来中国经济力量日益庞大，国际政治地位显著提升。目前，中国已成为全球第二大经济体，并拥有最多的外汇储备。快速和持续的经济增长、以出口导向为主的发展战略和日益增强的工业生产多样化使中国逐渐成为世界上经济增长速度最快的国家，并拥有深厚的财政能力。这些都使得中国企业能以较低的资本成本在全球范围内收购，通过从外国企业购买企业特定优势来弥补自身的竞争劣势。

（二）兼具市场经济与计划经济的双重特征

中国的经济体制兼具市场经济与计划经济的双重特征，因此中国企业的对外直接投资在较大程度上受国家经济战略的影响。相比其他国家，中国经济体制兼具市场经济与计划经济的特征，可以说是一种混合经济体制，企业的对外直接投资往往受到本国对外经济战略规划的影响。

（三）中国具有庞大的国内市场

目前中国有超过 13 亿人口，占世界人口数量的 19.12%[①]，这是一个非常庞大的消费群体。具有巨大增长潜力的国内市场不仅为中国企业生产的产品提供了消费者，还提供了丰富的自然资源，同时使企业市场风险大大降低。从这一角度来看，中国企业的优势并非单一来自企业层面，还来自国家层面——更低的市场风险。

（四）资本管制严格

中国是实行严格资本管制的国家，企业参与对外直接投资的相关活动往往受到政府职能部门的管理和制约（中国商务部和外汇管理局）。在对外投资中，通过这种特有的外汇管理制度，可以实现对外直

---

① 联合国贸发会议网站数据库。

接投资资本的管理与控制。通过资本管制，政府可以更加直接、灵活地调整其对外直接投资的速度、进程和方向。

（五）外汇储备规模庞大

与其他发展中国家相比，中国的外汇储备非常丰富。中国充裕的外汇储备为中国企业开展对外直接投资提供有力的资金保障。尤其那些投资金额较大的项目不会因资金受限。此外，中国政府于2007年成立中国投资有限责任公司（以下简称中投公司），该公司是从事外汇资金投资管理业务的国有独资公司，在全球范围内对股权、固定收益以及多种形式的各类资产进行投资。尽管中投公司开展的是金融性质的国际间接投资，但其对直接投资有着不可忽视的影响作用。此外，主权基金和私募基金的作用也是不容忽视的。主权基金、私募基金在海外投资中从事金融性的间接投资。由于充沛的资金保障，中国的对外投资除了具备投资规模较大的特征外，投资形式涵盖了直接投资和包括主权基金和私募基金的间接投资。

（六）通过海外上市募集资金

一些开展对外直接投资的国企，投资成功后继而在海外上市。充分利用国际资本市场开展集资活动。借助国外股票市场、证券市场为公司进一步扩张海外业务提供资金保障。

（七）东道国对特定投资领域采取防范措施

作为经济大国，中国同时开展对发达国家以及发展中国家的对外直接投资，由于近年来中国经济的飞速发展，当开展对能源开采行业的投资时往往会造成东道国政治、经济等方面的心理负担，对来自中国的对外直接投资存在戒备心理。同时东道国对其自身国家安全和对本国特殊资源行业的保护，会影响其对外来投资的吸收和接受，尤其会使其加大对稀缺资源行业的保护力度。

第二节　中国对外直接投资发展现状与历程

自1978年中国实施改革开放政策以来，中国经济发展迅猛，并开始进入新的发展阶段，中国经济发展在取得令人瞩目的成就的同时也逐步融入世界经济之中。不论是吸引外商直接投资还是对外直接投资方面都取得了巨大的成功。在利用外资方面，2002年，中国首次超过美国，成为全球接受外国投资最多的国家。2012年，中国外商投资流量为1210.8亿美元，位居世界第二[①]。中国已然几乎成为所有大型跨国公司全球规划的一部分。尽管在改革开放初级阶段，中国以吸引外资为主要发展战略，但众所周知，投资并非是单向的。伴随着中国经济的快速崛起以及国内企业技术水平的不断提升，自1987年起，中国企业的对外直接投资开始出现增长，对外直接投资额由1982年的4400万美元逐渐增长到2012年的842.2亿美元，30年间增长了近2000倍[②]。尽管与吸引外资流入国内的直接投资总量相比，中国企业的对外直接投资总量尚显薄弱，但我们可以清楚地看到这一差距正在逐渐缩小，并且近年来中国对外直接投资的总量增长十分迅速。以2012年为例，中国对外直接投资总额（流量）为878亿美元，较上一年度增长约17.6%。其中金融类对外直接投资额100.7亿美元，同比增长65.9%，非金融类对外直接投资额777.3亿美元，同比增长13.3%，中国共计1.6万家境内投资者在国（境）外设立对外直接投资企业近2.2万家，分布在全球179个国家（地区）。

一、中国企业对外直接投资发展历程与特点

综合中国经济发展与中国政府的政策导向，本节将中国企业的对

① 2012年度《中国对外直接投资统计公报》，下文中除特殊说明外，数据来源相同。
② 联合国贸发会议网站数据库。

外直接投资发展历程分为以下五个阶段。

(一)第一阶段(1979—1984 年):起步探索阶段

1979 年 8 月 13 日,作为对外开放政策的一部分,国务院颁布文件提出十五项经济改革措施,其中的第十三项就明确提出要"出国办企业",这是首次将对外直接投资作为一项经济政策确定下来,至此,拉开了中国企业开展对外直接投资的序幕。1979 年 11 月,北京市友谊商业服务公司与日本东京丸一商事株式会社合资在日本东京开办了新中国第一家境外合资企业——京和股份有限公司。随后,中国船舶工业总司、中国银行、中信公司等相继开展境外投资、合资项目。但在这一时期,只允许少数与中国当时的对外经济关系与贸易部(后来的商务部)所属的国有企业或者各省、直辖市经贸委员会(现归属于国家发展和改革委员会)所属的经济技术合作企业开展对外直接投资活动,并且所有的境外投资项目,无论其投资金额大小、出资方式如何,必须上报国务院审批后方可实施。在这六年间,共计 113 个项目获得审批,累积对外直接投资总值约 3.06 亿美元,年平均投资额为 5100万美元(表 3.7)。这一阶段,中国企业的对外直接投资对象分布在全球 47 个国家(地区),其中以中国香港和中国澳门以及周边发展中国家为主。尽管此时参与对外直接投资企业的规模和投资总额都相对较小,但境外投资的总体呈现逐年递增的趋势。

表 3.7 1979—1984 年中国对外直接投资情况

年份	1979	1980	1981	1982	1983	1984	合计
境外投资企业数目	4	13	13	13	33	37	113
中方直接投资额(百万美元)	0.53	31.87	2.6	44	93	134	306

资料来源:(1)1979—1981 年数据来自国家统计局人口统计司. 中国对外贸易统计年鉴[M]. 北京:中国展望出版社,1987;(2)1982—1984 年数据来自联合国贸发会议网站数据库。

（二）第二阶段（1985—1991 年）：政府鼓励，稳步推进阶段

伴随经济发展与改革开放的逐步深入，在 1985—1987 年，中国迎来了首次对外直接投资的高潮。仅 1985 年，中国实现对外直接投资 6.29 亿美元，同比增长 369.40%；1987 年，中国对外直接投资实现突破性增长，对外直接投资总额再创新高，达 6.45 亿美元，增加国外子公司 108 家。由于中国政府在这一时期适当放宽了对外直接投资政策，因此更多的企业参与开展对外直接投资，纷纷在海外建立分支机构或者办事处。为帮助和鼓励缺少经验的企业顺利开展对外直接投资业务，政府还专门为企业提供贷款支持和技术支持，并通过对有关单位开展业务培训，逐渐提高企业开展对外投资业务的操作技能，培养其发现和寻找合适的合资合作伙伴的能力。通过中国政府对相关投资政策的调整与规范，中国的对外直接投资进入稳步推进阶段，在 1985—1991 年这七年间，共设立境外投资企业 895 家，投资总额实现近 51 亿美元（见表 3.8），其中仅 1991 年的对外直接投资就实现 9.13 亿美元。截至 1991 年底，中国累计实现对外直接投资额 54.03 亿美元[①]。

表 3.8　1985—1991 年间中国对外直接投资情况

年份	1985	1986	1987	1988	1989	1990	1991	合计
境外投资企业数目	76	88	108	141	119	156	207	895
中方直接投资额（百万美元）	629	450	645	850	780	830	913	5097

资料来源：（1）国家统计局人口统计司. 中国对外贸易统计年鉴[M]. 北京：中国展望出版社，1987；（2）联合国贸发会议网站数据库。

在这一阶段，中国的对外直接投资发生三方面的转变：首先是投资主体的转变，即投资主体由原来的国有大型企业向大中型生产企业

① 王晓红. 当前国际分工的新变化与发展趋势[J]. 中国社会科学院研究生院学报，2008（8）：131-135

以及部分综合金融公司拓展；其次是投资领域的扩展，企业投资领域愈加广阔，由原来的加工生产装配、技工贸结合等项目扩展至资源开发、加工制造、交通运输服务等行业领域；最后是投资区域的转变，由第一阶段的以周边发展中国家为主向部分发达国家扩展。

（三）第三阶段（1992—1998 年）：管理扩张阶段

1992 年初，邓小平在南方谈话中号召加快改革和发展，推动了新的改革热潮，也促进了经济的上升势头，在全国上下掀起了新的发展热潮。在 1992 年国民经济新一轮高涨中，地方、部门和企业都表现出很高的积极性。但从 1993 年开始，中国经济表现出过热的现象，一些大中型国有企业的经营效率十分低下，整个国民经济都存在着经济发展过热、物价上涨过快、投资结构不合理等现象。在这样的背景下，中国政府决定开始实施宏观调控，通过调整经济和完善经济结构，促使经济软着陆。与此同时，在境外投资方面，一些地方政府监管部门也鼓励企业开展对外直接投资，尤其鼓励其向香港地区开展直接投资或者股权投资，此时的投资动机往往出于投机行为。此后有关部门开始通过加强外汇管理体制的改革以及严格项目审批等措施实现对中国对外直接投资的清理与整顿。至此，中国的对外直接投资进入管理调整期，致使 1992—1998 年的中国对外直接投资呈现出增速放缓的趋势。在此期间，中国对外直接投资为 197.1 亿美元，批准设立外国企业 13176 家左右（见表 3.9）。

表 3.9　1992—1998 年中国对外直接投资情况

年份	1992	1993	1994	1995	1996	1997	1998	合计
境外投资企业数目	1363	1657	1763	1882	1985	2130	2396	13176
中方直接投资额（百万美元）	4000	4400	2000	2000	2114	2562	2634	19710

资料来源：（1）国家统计局人口统计司. 中国对外贸易统计年鉴[M]. 北京：中国展望出版社，1987；（2）联合国贸发会议网站数据库。

伴随中国宏观经济政策的调整，政策取得的成效也逐渐显露，国际收支情况开始好转。但随之而来的 1997 年亚洲金融危机，大量的跨国公司受金融危机的影响而倒闭。此时，关于国有资产流失、资本外逃等事件开始得到有关部门的关注。由于外汇短缺，对外直接投资的审批程序再次变得严格，尤其是金额大于一百万美元或者私人对外直接投资项目几乎都被取消。尽管如此，中国在这一时期的对外直接投资依旧取得了小幅度的增长，投资总额是第二阶段的近四倍。

（四）第四阶段（1999—2001 年）：实施"走出去"战略阶段

1999—2001 年是中国"走出去"战略从酝酿至最终明确并实施的阶段，以 1999 年 2 月国务院办公厅转发的《关于鼓励企业开展境外带料加工装配业务的意见》为标志，成为后来的中国"走出去"开放战略的前兆。在随后的 2001 年，"走出去"战略再次被列入中国的第十个五年规划中。在这一阶段，中国对外直接投资活动有着较大的飞跃，并取得突破性进展，对外直接投资进入了改革开放以来投资数量最大、投资水平最高的一个时期。与此同时，政府也开始关注并采取措施控制以非法资本转移为目的的投资，鼓励和引导对外直接投资逐渐走向规范化。对于某些特定行业的对外直接投资企业，其出口产品也享受诸如出口退税、外汇援助等优惠措施。特别在有关原材料、机械制造与零部件、轻工业（如纺织品）、电子设备等产品出口方面，还提供相应的直接财政支持。

这一阶段的对外直接投资，其投资主体仍以国有大中型企业为主，私有、民营企业开始迅速加入，积极稳妥地拓展海外市场，进行跨国投资。截至 2001 年底，中国境外投资设立的非金融类经营机构已达 8334 家，协议投资总额 132 亿美元，中方投资额近 100 亿美元，投资区域已遍布世界 160 多个国家和地区（见表 3.10）。从对外直接投资所涉及的行业看，中国的对外直接投资已经由贸易窗口型投资逐步向资源开发、生产制造等领域进一步延伸与扩展。截至 2001 年底，中国对生产性领域的对外直接投资约占四成左右，中国在全球范围内的国际分工地位开始显著提升。

表 3.10　1999—2001 年中国对外直接投资情况

年份	1999	2000	2001	合计
境外投资企业数目	2616	2859	2859	8334
中方直接投资额（百万美元）	1774.31	915.78	6885.4	9575.49

资料来源:数据来自《中国对外贸易统计年鉴》、联合国贸发会议网站数据库。

（五）第五阶段（2001 年至今）：积极推动阶段

在这一阶段，中国对外直接投资的发展有其自身的经济与政策背景。2001 年 12 月 11 日，中国正式加入世界贸易组织，这标志着中国的改革与对外开放进入崭新阶段。加入 WTO 既为中国带来了参与国际舞台的机遇，又给中国各个领域带来巨大的挑战与压力，原本受保护的行业与市场开始逐步向竞争对手开放。由于国内、国际市场竞争压力加大，一些企业需要到国外开辟和寻求新的市场。2002 年，党的十六大报告中进一步明确和强调"走出去"战略的重要性，并将其作为一项重要的经济发展战略。中国的改革开放进入"引进来"与"走出去"并重的阶段。此外，中国政府再次将"走出去"战略列入第十一个五年规划，足以表明该战略的实施对中国经济和企业的重要性。从宏观经济发展情况来看，自 2002 年以来，中国的外汇储备开始增加，政府对于外汇的使用控制也相应放开，有关企业对外直接投资的审批制度也由原来分散、烦琐逐步向集中、简化完善。2003 年，由于供应紧张，中国国内市场上的能源和基础性原材料商品价格普遍上涨，国际市场上石油价格也屡创新高。在这一背景之下，中国政府开始加紧实施有关经济安全、资源安全以及能源外交等经济政策，因此在这一时期中国企业所开展的投资活动以面向国外能源与资源开发和利用为主。2005 年，实施汇率制度改革以后，人民币开始逐步升值，人民币的升值大大降低了中国企业对外直接投资的成本。从投资规模来看，2001 年，中国境外投资额达到史上最高值，当年的境外投资额 68.85 亿美元，同比增长近 7 倍，除 2002 年和 2003 年受世界经济衰退及国内"非典"影响投资额有所下降外，中国对外直接投资总体保持强劲增长势头（见表 3.11）。

表 3.11　2001—2012 年中国对外直接投资情况

年份	2001	2002	2003	2004	2005	2006
中方直接投资额（百万美元）	6885.4	2518.41	2854.65	5497.99	12261.17	21160
增长率	—	−63.42%	13.35%	92.60%	123.01%	72.58%
年份	2007	2008	2009	2010	2011	2012
中方直接投资额（百万美元）	26 510	55 910	56 530	68 811	74 654	84 220
增长率	25.28%	110.90%	1.11%	21.72%	8.49%	25.28%

资料来源：（1）中国商务部网站统计数据；（2）联合国贸发会议网站数据库。

尽管 2008 年国际金融危机以来，全球投资大幅下滑，但中国对外直接投资仍逆势上扬并稳步增长，2011 年流量和存量分别居全球第 6 位和第 13 位，与 2002 年相比，名次分别提高了 20 位和 12 位。截至 2012 年底，中国对外直接投资存量达 5319.4 亿美元，共设立境外企业 1.6 万家，分布在全球 179 个国家（地区），年末境外企业资产总额累计近 2.3 万亿美元。

此外，中国的对外直接投资还呈现出如下特征与变化：投资主体更趋于多元化；投资区域全球化，除对亚洲和非洲等地的发展中国家投资增长迅速外，对美国等传统发达国家的直接投资也呈现出快速增长；投资行业分布广泛，在采矿、电力生产供应、文化娱乐、制造、交通运输、建筑、金融等十大领域均表现出强劲投资势头，这些都标志着中国的对外直接投资已经迈入了全新的阶段。

二、中国对外直接投资总体规模情况

(一)世界投资环境发生变化

20 世纪 90 年代以来,全球范围内的各国经济联系紧密,融合程度不断加深。以跨国公司为主体的全球对外直接投资使原本相对独立的各国产业越来越紧密地联系到一起。这一变化导致世界市场竞争的加剧,各国为发展自身经济、提升本国在世界经济格局中的地位都积极鼓励发展跨国企业。根据联合国贸发会议《2012 年世界投资报告》显示,尽管受到 2008—2009 年全球金融经济危机以及当前主权债务危机的持续影响,2011 年全球外国直接投资(直接外资)流入量仍然增长了 16%,首次超过危机前(2005—2007)年的水平。这一增长使跨国公司获得了更高的利润;发展中国家取得了较高的经济增长;许多国家继续在各类产业中放宽对外国投资的限制并加以促进,以刺激增长。同时,出于产业政策等原因的新监管和限制性措施相继出台。这些措施主要针对外国投资者的准入政策(如农业、制药业)的调整,对采掘业采取国有化和明确撤资要求,以及收紧直接外资流出等。

(二)中国综合国力的提升为对外直接投资奠定基础

改革开放以来,中国经济实力显著增长,国际贸易发展迅速,对外经济交往日益频繁。随着科技进步和经济发展,中国的战略军事等综合实力也不断增强。中国是联合国安理会常任理事国之一,也是核心大国之一。在中国共产党的领导下,全国各族人民紧密团结。这一切使得中国在国际舞台上的地位不断提高。2013 年,中国实现国内生产总值(GDP)约 9.4 万亿美元,仅次于美国而位居世界第二位;外汇储备再创历史新高,累计余额超 3.82 万亿美元,排名世界第一位;全年进出口总额 41603 亿美元,比上年增长 7.6%,其中,出口 22100 亿美元,增长 7.9%,进口 19 503 亿美元,增长 7.3%。进出口相抵,顺差 2597.5 亿美元，位居世界第一位。

（三）中国企业对外直接投资绝对规模不断扩大

从中国对外直接投资发展的五个阶段我们可以看到，自 20 世纪
90 年代开始，对外直接投资流量开始实现快速增长。尽管经过了一段
时间的整顿，但在 1991—2000 年，中国对外直接投资流量均值仍达
23 亿美元，而这一投资流量自 2001 年开始增长更为迅猛。2001—2003
年，中国对外直接投资流量平均高达 37 亿美元，在 2003—2007 年
这 5 年间，中国对外直接投资（非金融类）流量年均值为 136.56 亿
美元，年平均增长速度高达 64%，即使在 2008 年遭遇全球经济危机
的不利影响，中国的对外直接投资依然实现增长。在 2008—2012 年
的 5 年间，中国对外直接投资流量年均值为 687.4 亿美元，年均增长
速度达 32%，虽然增速放缓，但投资额仍然是上一个五年的 5 倍。
图 3.5 是 1992—2012 年中国对外直接投资流量情况图。在我们搜集、
整理数据的过程中发现，中国商务部所公布的对外直接投资数据金
额明显低于联合国贸发会议（UNCTAD）的官方统计数据，这是由
于后者以中国人民银行国际收支平衡表数据为基础、覆盖范围更为
全面导致的。中国商务部的统计数据并不包括中国企业利用出口收
益或者国际资本市场筹集款项等进行的跨国投资，故中国商务部所
估算的对外直接投资总额略低于联合国贸发会议的数据值。但是，
自 2003 年起，中国对外直接投资制度开始逐步进行修订与调整，并
实现与国际通行做法接轨，保证统计数据无论在统计方法还是统计
口径上都符合国际惯例规定与做法。在 2006 年，中国商务部首次
以公报的形式公布中国对外直接投资金融类与非金融类的投资流
量与存量数据。

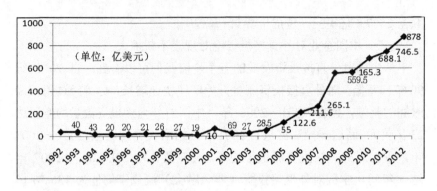

资料来源: 1992—2001 年中国对外直接投资数据摘自联合国贸发会议世界投资报告，2002—2012 年数据来源于中国商务部统计数据。

图 3.5 1992—2012 年中国对外直接投资流量情况

此外，据加拿大亚太基金会对中国企业对外直接投资增长情况的调查显示[①]，中国企业对外直接投资在 1980—1990 年实现平稳增长，1990—1995 年，由于国家对外资部分审批权限的下放和部分审批手续的简化，对外直接投资额增加迅速，尽管在 2001—2003 年出现小幅度波动，但近十年上升趋势依然十分坚挺。

（四）中国企业对外直接投资相对规模较小，但地位正在提升

依据 2012 年度《中国对外直接投资统计公报》的数据显示，2000—2012 各年度对外直接投资流量分别为 10 亿美元、69 亿美元、27 亿美元、28.5 亿美元、55 亿美元、122.6 亿美元、211.6 亿美元、265.1 亿美元、559.1 亿美元、565.3 亿美元、688.1 亿美元、746.5 亿美元、878 亿美元。尽管最近十年中国对外直接投资规模不断扩大，但与发达国家相比，中国的对外直接投资金额总量明显偏低。通过表3.12、表 3.13 我们可以看到，2000 年中国对外直接投资额流量仅占美国的 0.64%、英国的 0.39%、日本的 2.90%；存量占美国的 1.03%、英

---

① 加拿大亚太基金会成立于 1984 年，总部设在温哥华，旨在研究加拿大与亚洲关系，为促进加拿大与亚洲地区的对话、交流、安全、政治和社会问题等提供重要政策支持的综合性、独立非政府机构。

国的 3.01%、日本的 9.97%[①]。

表 3.12 2000—2012 年中国对外直接投资占主要国家投资额比重（流量）

（单位：%）

国别 年度	美国	英国	法国	德国	日本	加拿大
2000	0.64	0.39	0.52	1.62	2.90	2.05
2001	5.51	11.17	7.94	17.35	17.96	19.11
2002	1.87	4.80	4.99	13.29	7.80	9.41
2003	2.21	4.28	5.37	49.04	9.91	12.45
2004	1.86	5.83	9.69	26.76	17.76	12.68
2005	79.78	15.32	10.66	16.16	26.78	44.52
2006	9.44	25.56	19.12	17.83	42.10	45.79
2007	6.74	8.15	16.13	15.54	36.04	41.02
2008	18.14	30.53	36.06	76.84	43.67	70.52
2009	21.18	143.89	52.77	81.17	75.68	142.75
2010	22.61	174.20	106.56	56.62	122.30	198.17
2011	18.82	69.98	125.36	143.10	69.38	149.76
2012	25.61	117.93	226.42	125.84	68.72%	156.14%

资料来源：根据联合国贸发会议（UNCTAD）统计数据由作者整理计算。

表 3.13 2000—2012 年中国对外直接投资占主要国家投资额比重（存量）

（单位：%）

国别 年度	美国	英国	法国	德国	日本	加拿大
2000	1.03	3.01	3.00	5.12	9.97	11.69
2001	1.50	3.87	4.34	5.61	11.55	13.82
2002	1.84	3.62	5.82	5.34	12.22	13.48
2003	1.22	2.69	3.51	4.00	9.90	10.42
2004	1.33	3.42	3.88	4.84	12.08	12.02
2005	1.57	4.71	4.64	6.17	14.80	14.73

---

① 根据联合国贸发会议（UNCTAD）统计数据由作者整理计算。

续表

国别 年度	美国	英国	法国	德国	日本	加拿大
2006	1.68	5.21	4.66	6.94	16.69	16.85
2007	2.24	6.54	6.57	8.85	21.73	22.61
2008	5.93	11.81	14.51	13.86	27.04	35.10
2009	5.73	15.56	15.52	17.40	33.17	40.77
2010	5.16	15.11	16.19	16.80	29.57	38.60
2011	9.44	25.04	33.32	28.70	44.12	64.29
2012	9.81	28.15	34.01	32.90	48.25	71.18

资料来源：依据联合国贸发会议（UNCTAD）统计数据由作者整理计算。

我们将中国企业 2000—2012 年共计 13 个年度的流量和存量分别以联合国贸发会议（UNCTAD）同期统计数据为基期进行测算，还可以发现中国企业对外直接投资流量和存量占全球对外直接投资比重仍然很小[1]（表 3.14）。

表 3.14 2000—2012 年中国企业对外直接投资占全球对外直接投资流量、存量比重

年度	比例（%）	
	流量	存量
2000	0.07	0.35
2001	0.91	0.44
2002	0.47	0.47
2003	0.49	0.33
2004	0.60	0.38
2005	1.36	0.45
2006	1.48	0.48
2007	1.17	0.61
2008	2.79	1.11
2009	4.92	1.26
2010	4.57	1.50

---

[1] 刘阳春. 中国企业对外直接投资动因与策略分析[M]. 广州：中山大学出版社，2009：15-16。

续表

年度	比例（%）	
	流量	存量
2011	4.45	1.98
2012	6.05	2.16

资料来源：根据联合国贸发会议（UNCTAD）统计数据，2003—2012年各年度中国对外直接投资统计公报整理。

　　尽管中国企业对外直接投资相对规模较小，但其相对地位正在不断提升。从1979年改革开放开始，中国积极参与国际分工，当时中国的对外直接投资尚处于起步阶段。历经10年发展，截至1991年，中国对外直接投资进入并一直保持在发展中国家和新兴经济体中的前十大来源国之列。2000年，超过开展对外直接投资较早的韩国、阿根廷和马来西亚等，2006年超过巴西，在发展中国家中仅次于俄罗斯和新加坡。2003年，中国对外直接投资流量在发展中国家中仅次于新加坡，位列第二位；2006年，在发展中国家位居第一，在全球国家（地区）中排名第13位；2011年，排名第六位；2012年，排名第三位（美国第一，日本第二）[①]（见图3.6和图3.7）。

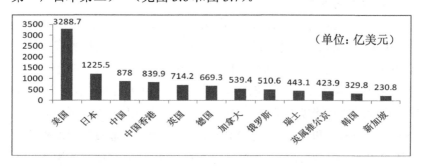

资料来源：2012年度《中国对外直接投资统计公报》。

图3.6　2012年中国与全球主要国家（地区）流量对比

---

① 各年度《世界投资报告》。

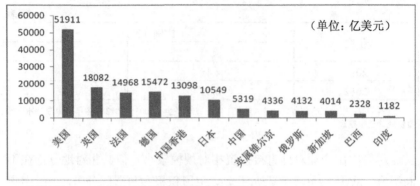

资料来源：2012 年度《中国对外直接投资统计公报》。

图 3.7　2012 年中国与全球主要国家（地区）存量对比

三、中国对外直接投资区位分布特点

总体来说，中国企业的对外直接投资地区分布范围十分广泛，遍布全球多个国家和地区，同时对于少数国家（地区）也存在投资较为集中的现象，其中亚洲地区覆盖比率最高，达 95.7%，欧洲次之，为 85.7%，非洲为 85%。

（一）中国对外直接投资分布广泛

中国企业的对外直接投资广泛分布于全球近八成的国家和地区。20 世纪 90 年代，中国企业的对外直接投资开始进入全球多个国家和地区，据中国商务部、国家统计局、国家外汇管理局 1997 年发布的"中国全行业对外直接投资数据"显示，当年中国对海外投资区域分布在全球 160 个国家和地区。截至 2012 年末，中国设立非贸易类海外企业共计 21860 家，对外直接投资共分布在全球 179 个国家，覆盖率为 76.8%[①]，全球有六个大洲都有来自中国企业的投资（见表 3.15）。

---

① 2012 年度《中国对外直接投资统计公报》。

表 3.15　不同年度中国企业对外直接投资的地区分布

地区年度		亚洲	欧洲	北美洲	非洲	拉丁美洲	大洋洲
1994	境外企业（个）	665	379	293	169	146	133
	投资净额（亿美元）	7.45	4.25	3.28	1.89	1.64	0.29
	比例（%）	37.25	21.23	16.41	9.47	8.18	1.45
2003	境外企业（个）	—	—	—	—	—	—
	投资净额（亿美元）	15	1.5	0.58	0.75	10.4	0.34
	比例（%）	52.5	5.3	2	2.6	36.5	1.1
2004	境外企业（个）	354	164	119	77	74	41
	投资净额（亿美元）	30	1.7	1.26	3.17	17.6	1.2
	比例（%）	54.6	3.1	2.3	5.8	32	2.2
2006	境外企业（个）	—	—	—	—	—	—
	投资净额（亿美元）	76.6	5.9	2.6	5.2	84.7	1.3
	比例（%）	43.4	3.4	2.5	2.9	48	0.8
2008	境外企业（个）	6000	2000	1600	1400	600	400
	投资净额（亿美元）	435.5	8.8	3.6	54.9	36.8	19.5
	比例（%）	77.9	1.6	0.6	9.8	6.6	3.5
2010	境外企业（个）	8951	2386	1867	1955	791	517
	投资净额（亿美元）	2281.4	157.1	78.3	130.4	438.8	86.1
	比例（%）	71.9	5	2.5	4.1	13.8	2.7
2012	境外企业（个）	11906	3023	2629	2529	1088	685
	投资净额（亿美元）	3644.1	369.8	255	217.3	682.1	151.1
	比例（%）	68.5	7	4.8	4.1	12.8	2.8

资料来源：（1）1994 年数据引自刘红忠. 中国对外直接投资的实证研究及国际比较[M]. 上海：复旦大学出版社，2001；（2）其余各年度数据依据各年度《中国对外直接投资统计公报》整理得出。

（二）中国对外直接投资的国家和地区分布较为集中

结合表 3.15 我们可以看到，中国的对外直接投资近 70%分布在亚洲地区，地域相对集中。尤其从 2003 年开始，直至 2012 年，若将亚洲与拉丁美洲二者合并，则各年度净投资额均超过 80%，个别年度（2006 年）达到 91%。根据商务部统计数据显示，至 2012 年底，中国境外企业的国家（地区）主要集中设立在中国香港、美国、俄罗斯、越南、日本、德国、澳大利亚、新加坡、老挝、印度尼西亚、韩国、泰国等少数国家和地区，约占中国在国（境）外设立企业总数的70%。

从 2012 年底中国对外直接投资存量按洲分布数据来看,中国对亚洲投资存量最高，比例高达 68.5%，其次是拉丁美洲比例为 12.8%，欧洲为 7%、北美洲为 4.8%、非洲为 4.1%、大洋洲为 2.8%（见表 3.16）。

表 3.16　2012 年中国对外直接投资存量地区分布情况

地区	投资额（亿美元）	百分比（%）
亚洲	3644.1	68.5%
拉丁美洲	682.1	12.8%
欧洲	369.8	7.0%
北美洲	255	4.8%
非洲	217.3	4.1%
大洋洲	151.1	2.8%

资料来源：2012 年度《中国对外直接投资统计公报》。

表 3.17　2008、2010、2012 年中国非金融类对外直接投资流量前十位的
国家和地区　　　　　　　　　（单位：亿美元）

序号	2008 年		2010 年		2012 年	
	国家（地区）	投资流量	国家（地区）	投资流量	国家（地区）	投资流量
1	中国香港	386.4	中国香港	385.05	中国香港	512.38
2	南非	48.08	英属维尔京	61.2	美国	40 48
3	英属维尔京	21.04	开曼群岛	34.96	哈萨克斯坦	29.96
4	澳大利亚	18.92	卢森堡	32.07	英国	27.75
5	新加坡	15.51	澳大利亚	17.02	英属维尔京	22.39
6	开曼群岛	15.24	瑞典	13.67	澳大利亚	21.73
7	中国澳门	6.43	美国	13.08	委内瑞拉	15.42

序号	2008 年		2010 年		2012 年	
	国家（地区）	投资流量	国家（地区）	投资流量	国家（地区）	投资流量
8	哈萨克斯坦	4.69	加拿大	11.42	新加坡	15.19
9	美国	4.62	新加坡	11.19	印度尼西亚	13.61
10	俄罗斯联邦	3.95	缅甸	8.76	卢森堡	11.33

资料来源：2008、2010、2012 年《中国对外直接投资统计公报》。

根据表 3.16 和表 3.17 的数据，我们可以看出，中国的对外直接投资区位分布呈现以下特征：首先，无论是流量数据还是存量数据，亚洲仍然是占比最大、最为集中的投资地区。同时中国对亚洲的投资也主要分布在中国香港、新加坡、哈萨克斯坦、缅甸、韩国、中国澳门等国家和地区。对于其他地区的投资，主要汇集在拉丁美洲，而对拉丁美洲的投资也主要集中分布在英属维尔京群岛、开曼群岛、委内瑞拉等国家（地区）。可见中国对于国际避税地的投资比重较大（本书后三章的实证中，将排除对避税地投资的分析）。其次，对发达国家的投资主要集中于美国、澳大利亚、德国、卢森堡等。最后，中国企业还对一些自然资源禀赋相对丰富的国家开展投资，如澳大利亚、俄罗斯联邦、苏丹、阿尔及利亚和沙特阿拉伯等，它们都是重要的投资目的国。

四、中国企业对外直接投资行业分布

（一）对外直接投资流量行业分布情况

2012 年，中国企业对外直接投资流量超过 10 亿美元的行业大类有 12 个，比上一年度增加 3 个。从行业分布情况看（图 3.8），租赁和商务服务业排名第一位，表明中国企业对外直接投资还具有一定的市场寻求动机。采矿业的对外直接投资是当年唯一减少的行业，但仍然位居第二，说明中国对外直接投资的资源寻求动机依然较为强烈。近年来，中石油、中石化、五矿集团、中铝股份等国有大型基础资源公司纷纷在全球展开了基础性资源合作，特别是在非洲取得了较好的效益。但是，由于这些企业具有"国企"背景，国外政府及合作企业不会将这样的公司当作一个单纯的企业看待，而是视为某种政治势力的介入，因此，在海外合作中往往容易引起竞争对手的特别注意以及来自竞争对手的打压和各国政府的战略排挤，形成中国在海外资源行业的投资瓶颈，难以抢占投资先机。

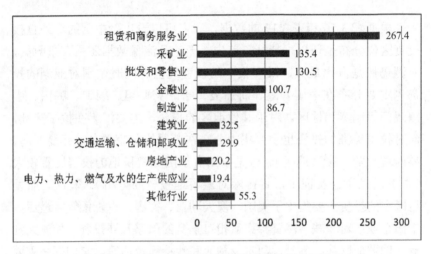

图 3.8　2012 年中国企业对外直接投资流量的行业分布

资料来源：2012 年《中国对外直接投资统计公报》。

（二）对外直接投资存量行业分布情况

从中国境外企业分布的主要行业情况看，行业分布广泛，其中租赁和商务服务业、金融业、采矿业、批发和零售业、制造业、交通运输业/仓储和邮政业、建筑业的投资存量均超过 100 亿美元，这七个行业累积投资存量达 4913 亿美元，占对外直接投资存量总额的 92.4%。

表 3.18 列出了中国企业对外直接投资存量各行业分布的具体情况。该表格既反映了中国企业对外直接投资的历史沿革，也说明中国

企业在服务业领域仍然具有较强的对外直接投资能力。服务业具有显著的低资源消耗、高环境质量和发展速度平稳的特点，并且需要企业通过直接进入市场得以实现，其直接接触服务对象的特征可一并得以反映。采矿业的对外投资存量占比较高，也反映出中国企业的对外直接投资具有一定的资源寻求动机，因为资源紧缺已经是中国所面临的重要经济战略问题。例如，中国40%的原油需求需要依靠进口满足[①]。再如钢铁行业，虽然中国有着丰富的铁矿资源，但矿石含铁品位较低，加之开采难度大，成本高，矿产建设投资大，周期长，因此，矿石开采尚无法满足行业发展的需求。因此，开发世界资源也就成为中国企业对外直接投资的动机之一。依据表3.18，我们可以看到中国制造业的对外直接投资排在第五位，充分说明制造业对外直接投资的竞争优势尚有待培养和加强。

表3.18 2012年末中国对外直接投资存量行业分布

行业	投资存量（亿美元）	比重（%）
租赁和商务服务业	1757	33
金融业	964.5	18.1
采矿业	747.8	14.1
批发和零售业	682.1	12.8
制造业	341.4	6.4
交通运输、仓储和邮政业	292.3	5.5
建筑业	128.6	2.4
房地产业	95.8	1.8
其他	309.9	5.9

资料来源：2012年《中国对外直接投资统计公报》。

总之，中国的对外直接投资存量行业分布依旧保持多元化特征，租赁商务服务业、金融业、采矿业、批发和零售业等构成了中国对外直接投资的主要行业架构。

---

① 刘慧芳. 跨国企业对外直接投资研究[M]. 北京：中国市场出版社，2007.

五、中国企业对外直接投资的进入模式

关于中国企业对外直接投资的进入模式，我们主要分析新建投资和跨国并购。

（一）对外直接投资以合资企业和新建子公司为主要模式

20世纪90年代中期，在中国企业跨国经营进入模式中，独资新建模式约占21%，而东道国或与第三国合资的模式分别约占70%和9%。据不完全统计，截至2001年底，中国包括贸易性企业在内的1729家境外企业中，中方独资经营企业有594家，占34.4%；同国外合资经营的企业有1135家，占65.6%[1]。

中国非贸易性对外直接投资中独资所占比重逐步加大，从1990—1994年的数据来看，中国贸易性对外直接投资企业中合营模式所占比重由3%上升至10%，而独资与合资的比例则因产业不同而异[2]。

尽管近年来中国对外直接投资规模不断扩大，但是总体来说，中国企业的投资尚处于起步阶段，大多数企业很少选择并购模式。虽然并购额占对外直接投资额比重较大，但依据冯赫在2005年对102家在欧洲投资的中国企业进行的调查问卷显示，中国企业在对外直接投资所涉及的投资模式中，设立办事处、代表处等非生产性机构比重最大，为69.8%；建立合资企业次之，占49%；新建独资企业占46.9%；并购国外当地企业占34.4%；新建合作企业占24%[3]。可见，多数企业的对外直接投资尚处于尝试、探索阶段，合资和独资仍然是当前中国对外直接投资的主要进入模式。

（二）跨国并购投资开始增加，逐渐成为投资的重要进入模式

通过比较中国对外直接投资流量和对外并购额来分析具体情况（见表3.19）。

---

① 中汉经济研究所. 中国企业跨国发展研究报告[M]. 北京：中国社会科学出版社，2002.

② 顾乃康. 转轨经济中中国企业的跨国经营行为[M]. 广州：中山大学出版社，2003：203，204-206.

③ 冯赫. 为什么投资欧洲[J]. 中国企业家，2005（13）：56-57.

表 3.19　1998—2012 年中国对外直接投资流出流量和对外并购额

年份	对外直接投资流出量（百万美元）	对外并购额（百万美元）	比重（%）
1988	850	17	2
1989	780	202	25.9
1990	830	60	7.2
1991	913	3	0.3
1992	4000	573	14.33
1993	4400	485	11.02
1994	2000	307	15.35
1995	2000	249	12.45
1996	2114	451	21.33
1997	2563	799	31.17
1998	2634	1276	48.44
1999	1775	101	5.69
2000	916	470	51.31
2001	1775	452	25.46
2002	2518	1047	41.58
2003	2850	1803	38
2004	5500	3000	54.5
2005	12260	2300	53
2006	21160	8250	39
2007	26510	6300	23.8
2008	55910	30200	54
2009	56530	19200	34
2010	68811	29700	43.2
2011	74654	27200	36.4
2012	84220	43400	31.4

资料来源：（1）1988—2003 年数据来自刘慧芳. 跨国企业对外直接投资研究[M]. 北京：中国市场出版社，2007：188-189；（2）2004 年以后对外直接投资数据源自联合国贸发会议数据库；并购额数据来自 2012 年度对外直接投资统计公报。

中国企业的跨国并购活动始于 20 世纪 80 年代。1984 年初，中国香港最大的电子上市公司——康力投资有限公司因财务危机濒临倒闭，中银与华润集团联手组建的新琼企业有限公司先后注资 4.37 亿港元，获得 67%的股权将其收购，这是中国第一起中资企业海外收购案例。此后，一些来自中国的跨国公司、大型企业集团通过海外并购活动扩大其经营领域，增强企业竞争力。在 20 世纪 90 年代中期以前，中国企业跨国经营活动非常有限，仅仅局限于尝试过程。20 世纪 90 年代中期以后，跨国并购活动才逐渐活跃起来，尤其以 2002 年中国政府提出"走出去"政策后更为显著。早期的对外直接投资以新建投资模式为主，进入 21 世纪后，以并购为进入模式的对外直接投资才开始出现。自 2002 年开始，中国企业开始连续进行大规模的跨国并购，一些著名的大公司，如中海油、中石油、中国网通、TCL、联想等企业所进行的海外并购受到广泛关注。

由于跨国并购往往涉及较大金额，单一的一次收购案例可能就会发生大笔资金投入，因此并购额数据在某些年度会显示出较大的波动幅度。从产业结构角度分析，中国企业的跨国并购覆盖了三次产业。从并购金额来看，第一产业占比最大。因为该产业主要涉及石油、矿产、森林等自然资源开发类型行业的并购，往往并购金额都比较大。著名的中海油并购加拿大尼克森能源公司的案例中，涉及金额达 151 亿美元。其次是第二产业，主要涉及石油冶炼、化工、电气、网络、汽车制造及家电等行业，也均发生过较大规模的并购。著名的案例如 TCL 收购德国施耐德公司（820 万欧元）、上汽集团收购韩国双龙汽车（5 亿美元）、TCL 公司法国汤姆逊（投资近 2.2 亿欧元）等。第三产业则占比最少，主要涉及金融、通信、IT 等行业。

早期的跨国并购以国有企业为主，近些年来民营企业的并购活动开始逐渐活跃，也产生了一些影响较大的案例。从总体上看，中国企业的跨国并购中既有兼并也有收购，但以收购为主。跨国并购的目的主要可以分为三类：一是以获取资源为目的；二是以寻求技术为目的；

三是以寻求市场为目的。

表3.20　中国企业部分海外并购事件

2002 年	●中海油收购西班牙瑞普索公司、英国石油持有的印度尼西亚油田权益 ●中国石油收购印度尼西亚戴文能源集团的油田和天然气资产 ●中国网通收购美国亚洲环球电讯公司，取得对亚洲环球电讯的绝对控股权
2003 年	●京东方收购韩国现代 TFT-LED 业务，通过此次收购，京东方取得了直接进入国内显示器高端领域和全球市场的通道 ●中海油以 6.15 亿美元收购英国天然气公司在哈萨克斯坦里海北部项目 8.33%的权益失败 ●TCL 与法国汤姆逊合并重组，成立一家净资产超过 4.5 亿欧元的新公司
2004 年	●上汽集团收购韩国双龙汽车 48.9%的股份，总值超过 40 亿人民币 ●联想集团以 6.5 亿美元现金及价值 6 亿美元股票收购了 IBM 包括 Think 品牌在内的 PC 业务
2005 年	●中海油退出优尼科公司竞购 ●海尔退出美国泰克公司竞购 ●中石油以 27.53 亿美元成功收购哈萨克斯坦 PK 石油公司
2006 年	●中石化以 35 亿美元收购德穆特石油公司 ●中信集团以 19.1 亿美元收购哈萨克斯坦石油企业国际能源 ●金川集团与宝钢集团以 10 亿美元收购菲律宾棉兰老岛镍矿 ●蓝星集团以 4 亿欧元收购法国安迪苏集团 ●吉利汽车以 6 亿人民币收购英国锰铜控股公司 ●中国电子信息产业集团收购菲利普手机业务
2007 年	●中国大冶有色金属收购雷石维尔钨业 33%股权 ●中国大冶有色金属收购雷石维尔 51%股权 ●中国大冶有色金属收购雷石维尔钼业 28%股权 ●工商银行 338.15 亿元收购标准银行 20%股权 ●中联能源全资收购马达加斯加能源 ●中铜资源收购 TCA 探测 60%股权失败

2008 年	●骏新能源 25 亿港元全资收购英发能源 ●中海油服 171.3 亿元私有化 Awilco ●中信资源入股麦克阿瑟煤炭公司 ●德发集团收购全球农业 40%股权 ●华能国际 70 亿元全资收购大士能源 ●中集集团 2000 万欧元收购 TGE Gas 60%股权 ●湖南有色 1318 万澳元收购 AML17.8%股权 ●伟俊矿业集团收购 P.T. UMR 85%股权失败 ●中联重科 2.71 亿欧元全资收购意大利 CIFA ●中国银行 2.36 亿欧元收购洛希尔银行 20%股权失败
2009 年	●蒙古矿业 15 亿港元全资收购 Ikh Shijir ●亚洲资源 5.8 亿港元收购 PT. Dampar 55%股权 ●中国石油 16 亿新元增持 SPC 50.87%股权 ●中国石油收购阿萨巴斯卡油砂资产 ●兖州煤业 33 亿澳元全资收购菲利克斯 ●精电 72.11 万欧元增持 Varitronix GmbH 40%股权 ●环能国际收购 TerraWest 7.41%股权 ●PNG 资源收购 Skywalker（PNG）51%股权 ●中国石油收购新日本石油大阪炼厂 49%股权 ●中国石油 10.2 亿美元收购 SPC 45.51%股权 ●中国石油收购新加坡石油 ●中科矿业 16 亿港元收购 PT Agincourt 95%股权 ●光星电子 1024 万港元收购 Brocoli 59.5%股权 ●吉利汽车 4740 万澳元收购 DSI 资产
2010 年	●中海油增持泛美能源 30%股权失败 ●中国石化 16.78 亿美元收购 SSI 55%股权 ●北亚资源增持 Golden Pogada 9.999%股权 ●中国联通拟斥资 25 亿美元竞购尼日利亚电信 ●中国石油 17.5 亿澳元收购 Arrow Energy 50%股权 ●中科矿业全资收购 Cape Lambert Lady Annie ●中科矿业全资收购 Chariot Resources ●利丰 1.7 亿英镑收购 Visage Group 100%股权 ●环能国际增持 TerraWest 股份 ●中国石化 24.5 亿美元收购西方石油油气资产 ●中海油 5000 万澳元收购爱克索玛能源煤层气项目

续表

2011年	●电能实业/长江基建收购 Meridian Cogeneration 75%股权 ●南亚矿业收购 PTLM 50.49%股权 ●MI 能源全资收购埃米尔石油 ●中海油 5.7 亿美元收购 Chesapeake Energy 油气项目 ●永兴国际收购 Taung Gold 75.81%股权 ●海王集团收购 RJB Recycling 25%股权失败
2012年	●中国石化与中国海洋石油拟收购 TNBP 50%股权 ●中亚能源拟收购松卡尔石油 65%股权 ●长江生命科技拟收购 Barmac 51%股权 ●保诚 4.17 亿英镑收购 Srlc America 股权 ●中国石油进一步收购阿萨巴斯卡油砂资产 ●腾讯收购 Kakao
2013年	●中国石油拟收购埃克森西古尔奈-1 油田项目 ●中国保绿资产收购君阳光电 ●中国石化拟收购 Sinopec Hongkong ●中远国际拟收购汉远全部股权 ●中集集团收购新加坡来福士股权 ●中国远洋拟收购 Piraeus 60%的股权 ●悦达矿业拟收购 Everwise 60%股权

资料来源：（1）刘阳春. 中国企业对外直接投资动因与策略分析[M]. 广州：中山大学出版社，2009：31；（2）利用新闻报道、企业公告等多种渠道获得。

第四章 构建中国对外直接投资理论分析框架

　　20世纪60～80年代是对外直接投资理论形成与发展的重要阶段，伴随着全球经济一体化发展，以研究跨国公司为主体的、具有深远影响的对外直接投资理论逐步形成，但这些被广泛接受的理论都是以发达国家企业的对外直接投资为出发点。进入20世纪90年代以后，随着发展中国家经济的崛起，以中国为代表的发展中国家企业开始走出国门，它们不仅对其他发展中国家进行投资，还对发达国家（地区）开展投资活动。在国际投资领域，伴随着发展中国家对发达国家直接投资总量的增加，发展中国家的作用与角色已不容忽视。尽管学者开始关注发展中国家的对外直接投资行为，也尝试用传统的对外直接投资理论去解释这些国家的投资现状，但对发展中国家对外直接投资的解释力和适用性成为学术界争论的焦点问题。因此，在新的经济时代背景下，必然需要有新的能够为发展中国家的对外直接投资实践提供理论支撑的对外直接投资理论。20世纪80年代中期以来，美国、英国、日本等国家的经济学者积极探讨有关发展中国家的对外直接投资理论，并得出一些有价值的研究成果与结论。其研究视角多集中在发展中国家企业的投资动因、比较优势、对外投资加速增长的原因分析以及企业特征等方面。

　　中国作为典型的发展中国家，近年来对外直接投资发展迅速，成为国际直接投资的重要来源国，研究并构建中国对外直接投资理论框架有助于对中国对外直接投资的产业选择、区位选择、进入模式选择等开展深入研究，进而对其对外直接投资的投资结构、投资策略调整起到指导作用，同时也可为包括中国在内的发展中国家对外直接投资的战略规划和完善提供理论支持，因而具有重要的理论和现实意义。

第一节　企业对外直接投资分析框架构建思路

在构建中国对外直接投资理论模型时，我们主要考虑以下三个方面：首先是企业开展对外直接投资的目的；其次是企业开展对外直接投资需要具备的条件；最后是企业如何进行对外直接投资。回答上述问题的同时，也基本形成了对外直接投资理论。不论是传统的来自发达国家的对外直接投资理论，还是发展中国家的对外直接投资理论，人们总是试图寻求一个可以适用于不同类型经济体的对外直接投资理论。但事实告诉我们，尽管客观上可能存在一种能够描述企业对外直接投资的一般性规律，但这个一般性规律很难找到。在现实中，由于各国（地区）在经济发展水平、经济体制以及要素禀赋等多方面存在差异，因此解释不同体制国家的对外投资理论的基础也会有所差异。

本节首先从经济学原理角度出发，即企业投资、生产经营的目标就是获得利润最大化，企业所开展的一切活动应该以实现这一目标为主旨。同时，当涉及对外直接投资活动时，由于不同投资国家存在经济发展水平、投资阶段以及经济体制存等方面的差异，对外投资的目标会因受到不同的决定因素的影响而有所区别，即使是同一国家，在不同的投资发展时期也会有所差别。基于这样的考虑，本节在借鉴刘慧芳（2007）的模型的基本思想基础上[①]，将从一般意义上的经济学角度出发构建中国对外直接投资的理论基础。

一、当企业仅在国内生产时

当企业没有开展对外直接投资前，我们首先考虑企业仅在本国投资生产的状态。此时无论企业所有制如何、规模如何，只要开展生产经营，就必须投入一定的成本，这些成本包括生产所必需的资本、原材料、工人、技术和管理等，经过企业组织生产，生产过程完成后形成新的产品，之后再通过物流方式进入流通领域，通过市场销售，最终获得销售收入。在这一过程中，企业作为理性经济人，我们假设其目标为利润最大化。

在此，我们假设企业的生产总成本为 TC，其中 TC 包括以下要素：企业为满足生产运营需要投入的资金成本 C_1、购入原材料 C_2、购买劳动成本支出 C_3、物流成本 C_4、市场营销成本 C_5、管理成本 C_6、研发支出 C_7、其他成本 C_8（包括信息通信成本、贸易保护所发生的成本等）。在不考虑税收的情况下，企业投入总成本为：

$$TC = C_1 + C_2 + C_3 + C_4 + C_5 + C_6 + C_7 + C_8$$

通过生产加工过程，生产出新产品后就获得了增加值 π（利润）。关于 π，我们依据经济学基本原理可知，π 所代表的利润可以进一步分解为净利润（π_0）与超额利润（π_1），即：$\pi = \pi_0 + \pi_1$。

企业为实现增加值，还需要将产品以商品方式在市场上销售，只有经过交易，这些产品才能真正实现增值。当产品在市场上销售时，我们设其单价为 P，销售量为 Q，则产品的销售价值即总收益 $TR = PQ$。

---

① 刘慧芳. 跨国企业对外直接投资研究[M]. 北京：中国市场出版社，2007.

此时有如下表达式：

生产过程：$TC = C_1 + C_2 + C_3 + C_4 + C_5 + C_6 + C_7 + C_8$

市场销售：$TR = PQ$

企业获得利润：$TR - TC = \pi$

现在我们考虑存在税收的情况：

如果考虑税收，假设需要支付的税金总额为 T，则我们可以将企业的生产过程表示为：

$$TC = C_1 + C_2 + C_3 + C_4 + C_5 + C_6 + C_7 + C_8 + T$$

其他函数不变，则此时生产经营模型可以表达为：

生产过程：$TC = C + T$　　　　　　　　　　　　　　（4.1）

市场销售：$TR = PQ$　　　　　　　　　　　　　　（4.2）

企业获得利润：$TR - TC = \pi$　　　　　　　　　　（4.3）

其中 $\pi = \pi_0 + \pi_1$　　　　　　　　　　　　　　（4.4）

上式中的 $C = C_1 + C_2 + C_3 + C_4 + C_5 + C_6 + C_7 + C_8$

依据（4.1）、（4.2）、（4.3）式，可知净利润 π_0 是关于 C、T、P、Q 的函数，则有：

$$\pi_0 = F(C,\ T,\ P,\ Q,\ \theta) \qquad\qquad （4.5）$$

θ 为随机扰动项，其中包含了企业在生产经营活动中所面临的不确定性影响因素[①]。

企业在完成生产全过程期间，目标一般为利润最大化，则有：

$$MAX：\pi_0 = F(C,\ T,\ P,\ Q,\ \theta) \qquad\qquad （4.6）$$

---

① 一般这种不确定性因素可能包括：自然灾害、政治风险、市场风险、行业发展风险、技术发展风险等。

由于 θ 所代表的各类不确定因素通常可以在 C、T、P、Q 中予以反映，同时为了简化分析过程，我们将 θ 的影响一并归入 C、T、P、Q 中，那么（4.6）式可以重新表达为：

$$MAX：\pi_0 = F(C, T, P, Q) \qquad (4.7)$$

同时由（4.1）~（4.4）式可将（4.7）式表示为：

$$MAX：\pi_0 = PQ - C - T \qquad (4.8)$$

依据（4.8）式，我们可知，C、T、P、Q 均为变量，企业若想实现利润最大化，则需要实现 PQ 尽量大，同时 C、T 尽可能小。在实践中，企业想真正地实现净利润最大化并不容易，甚至有时需要在满足一定的前提条件下才可能进行合理安排，以实现尽可能地接近利润最大化。关于 C、T、P、Q 的影响因素详见图 4.1。

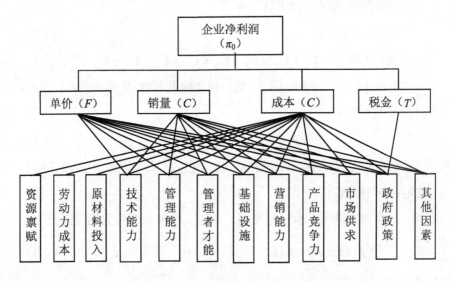

图 4.1　企业投资生产的分层次理论模型图示（仅在国内生产）

根据图 4.1，我们将企业开展生产经营所涉及的决定因素分为三个层面，第一层是利润层，是企业生产经营活动的最高目标，即获得最大化的净利润。第二层为决定因素层，该层次说明企业若想实现第一层的目标受哪些因素的决定，即企业为保证净利润最大化，将受到四方面的制约，它们分别是来自市场交易环节的产品单价（P）和销售数量（Q）以及来自生产过程的成本（C）和税金（T）。第三层为直接影响因素层，这里我们较为详细地列举了能够影响 C、T、P、Q 的主要因素。

式（4.7）表达了企业在生产活动中寻求利润最大化的过程与决定因素，但该表达式未涉及动态性。事实上，一切决定因素都并非静止，而是动态变化的。而且企业的生产往往也是一个长期的过程。当考虑时间因素时，（4.7）所表述的内容可以由下式来代替：

$$MAX: \sum \pi_{0t} = F\left(\sum P_t Q_t, \sum C_t, \sum T_t\right), \quad (t=1,2\cdots,n) \tag{4.9}$$

在式（4.9）中，t 代表时间，即企业生产的年份，n 表示预期的年份或报告期，如果考虑动态因素，那么企业在追求利润最大化过程中可能未必在投资生产的前一两年就得以实现，甚至有些部门行业开始投资的几年内都是负收益的，这样企业追求的就不再是短期净利润最大化了，而是长期净利润最大化。

综上所述，当企业进行生产投资时，获得最大的利润，即 π_0 是其最终目的，而为保证这一目标的实现，则尽可能地在生产过程中提高售价 P，增加销售量 Q，降低生产成本 C，尽可能减少 T 的支出。在这一过程中通过最为直接的因素实现对 P、Q、C、T 的影响和控制，最终实现净利润的最大化。

二、当企业的生产范围扩展至全球时

如果一国经济是开放的，并且产品和生产要素可以在世界范围内较为自由地流动时，企业在考虑生产经营活动时很可能将世界范围内的市场纳入其规划范围。此时企业既可以通过出口来实现对国外市场的占有，也可以到外国以直接投资的形式安排生产，然后再将其产品就近销售。但后者往往要求企业具有一定的资本积累，并具有一定的比较优势或竞争优势才能实施。现实中这样的案例颇为多见。企业的发展过程往往是：本地市场——国内市场——国外市场，即先在本地市场扎根生产，伴随着对本地市场的控制和占有再进一步扩大经营至国内市场；具备一定条件之后，还会继续扩大其市场范围，即开辟国外市场。这一过程如图 4.2 所示，伴随着企业的不断发展和壮大，企业的生产经营和活动范围也会逐渐扩张。

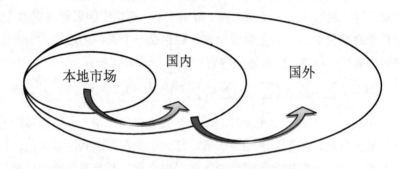

图 4.2　企业生产经营范围扩张过程图

现在我们考虑当企业是跨国企业时的情况。从本质上讲，企业到外国开展跨国经营与企业到本地以外的国内其他地区生产是相似的，只是到外国生产所面临的环境更为复杂而已。不论是哪一类情况，跨国企业的经营目标依旧是实现净利润最大化，而为保证这一目标的实现，仍然要满足 P、Q 越大越好，而相应的 C、T 越小越好。不过，此时我们所考虑的直接影响因素将要涉及得更多，因为跨国经营一定会涉及两个以上的不同国家。

当某一跨国企业在全球范围内安排其生产经营活动时，其生产经营模型可以表达为：

生产过程：$TC = TC^h + TC^f$

其中：$TC^h = C^h + T^h$ ， $TC^f = C^f + T^f$

则总投入：

$$TC = C^h + C^f + T^h + T^f \qquad (4.10)$$

市场销售： $TR = TR^h + TR^f$

其中： $TR^h = P^h Q^h$ ， $TR^f = P^f Q^f$

则总收益：

$$TR = P^h Q^h + P^f Q^f \qquad (4.11)$$

企业获得利润： $TR - TC = \pi$

其中： $\pi = \pi^h + \pi^f \qquad (4.12)$

由（4.10）~（4.12）可得到：

$$\pi = P^h Q^h + P^f Q^f - \left(C^h + C^f + T^h + T^f \right) \qquad (4.13)$$

与先前的分析中的（4.4）式相同，利润 π：

$$\pi = \pi_0 + \pi_1 = \pi_0^h + \pi_0^f + \pi_1^h + \pi_1^f \qquad (4.14)$$

这样我们可以将式（4.13）再重新表达为：

$$\pi_0^h + \pi_0^f = P^h Q^h + P^f Q^f - C^h - C^f - T^h - T^f \qquad (4.15)$$

在以上各式中， P、 Q、C、T、π、π_0、π_1 等含义与先前"当企业仅在国内生产时"所表示的内容相同，上标表示国别差异，其中上标 h 表示母国，上标 f 表示东道国。

此时企业开展跨国经营的国内外总成本为 TC，扣除税金，则成本 C 由以下因素构成：国内外满足生产运营所必须投入的资金成本，即 C_1^h 和 C_1^f；国内外购买原材料所支付的成本 C_2^h 和 C_2^f；在国内外购买劳动力所发生的成本 C_3^h 和 C_3^f；国内发生的物流成本 C_4^h 和国外发生的物流成本 C_4^f；国内外发生的营销成本 C_5^h 和 C_5^f；国内外发生的管理

成本 C_6^h 和 C_6^f；国内发生的研发成本 C_7^h，国外发生的研发成本 C_7^f；其他国内成本 C_8^h 和其他国外成本 C_8^f（如信息通信成本、贸易保护所发生的成本、外汇结算成本、获取信息成本等）。

这样，就有：

$$C = C^h + C^f = \left(C_1^h + C_2^h + C_3^h + C_4^h + C_5^h + C_6^h + C_7^h + C_8^h \right)$$
$$+ \left(C_1^f + C_2^f + C_3^f + C_4^f + C_5^f + C_6^f + C_7^f + C_8^f \right)$$

如果其企业仅在本国生产，则有 $C = C^h$，$C^f = 0$，

若企业仅在国外生产，则有 $C = C^f$，$C^h = 0$，

企业在国内外均生产则有 $C = C^h + C^f$。

作为一个理性的跨国企业，在安排生产经营时，理应在国内外范围内共同统筹规划完成生产，这样投入的总成本就包括了 C^h 和 C^f、T^h 和 T^f；在销售环节，同时在本国市场和东道国市场进行销售时制定的价格分别为 P^h 和 P^f；销售量分别为 Q^h 和 Q^f；获得的利润也分别为 π^h 和 π^f。当然跨国企业的经营目标依旧是获得最大化利润。由式（4.13）和式（4.14），我们可以得到跨国企业净利润最大化的表达式为：

MAX：

$$\pi_0 = \pi_0^h + \pi_0^f \tag{4.16}$$
$$= F\left(P^h,\ P^f,\ Q^h,\ Q^f,\ C^h,\ C^f,\ T^h,\ T^f,\ \theta^h,\ \theta^f \right)$$

在式（4.16）中，θ^h、θ^f 为随机扰动项，其中包含了企业在生产经营活动中所面临的不确定性影响因素[1]。由于 θ^h、θ^f 所代表的各类

---

[1] 一般这种不确定性因素可能包括：来自国内外的自然灾害风险、政治风险、市场风险、商业风险等。

不确定因素通常可以在 P^h、P^f、Q^h、Q^f、C^h、C^f、T^h、T^f 中予以反映，同时为了简化分析过程，我们将 θ^h、θ^f 的影响一并归入 P^h、P^f、Q^h、Q^f、C^h、C^f、T^h、T^f 中，那么式（4.16）可以重新表达为：

$$MAX: \pi_0 = \pi_0^h + \pi_0^f = F\left(P^h,\ P^f,\ Q^h,\ Q^f,\ C^h,\ C^f,\ T^h,\ T^f\right)$$
（4.17）

再由式（4.14），可将（4.17）进一步表达为：

$$MAX: \pi_0^h + \pi_0^f = P^h Q^h + P^f Q^f - C^h - C^f - T^h - T^f \tag{4.18}$$

同样，由于 P^h、P^f、Q^h、Q^f、C^h、C^f、T^h、T^f 都是动态的，跨国企业若想实现国内外净利润最大化，就需要尽可能地实现 P^h、P^f 和 Q^h、Q^f 越大，C^h、C^f 和 T^h、T^f 则尽可能越小。在现实中，跨国企业无论是判断净利润最大化还是想真正实现净利润最大化都不是件容易的事情，甚至有时需要在满足一定的前提条件下才可能进行合理安排，以尽可能实现利润最大化或者接近利润最大化。关于 P^h、P^f、Q^h、Q^f、C^h、C^f、T^h、T^f 的影响因素详见图4.3。与图4.1 的情况类似，在图4.3 中我们仍然将跨国企业开展生产经营所涉及的决定因素分为三个层面。但与图4.1 有所区别的是，每一个层面的目标不再仅仅涉及本国的情况，而是涉及母国与东道国两个以上国家的情况。

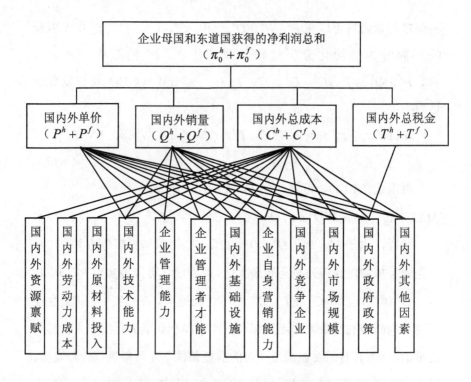

图 4.3 企业对外直接投资生产的分层次理论模型图示（在国内外生产）

式（4.16）和式（4.18）都表达了在不考虑时间因素情况下的跨国企业在生产活动中寻求利润最大化的过程与决定因素。当我们综合考虑时间因素时，式（4.17）所述述的内容可以由式（4.19）中跨国企业在世界范围投资生产的动态模型来代替：

MAX：

$$\sum \left(\pi_{0t}^{h} + \pi_{0t}^{f} \right)$$
$$= F\left(\sum P_{t}^{h}, \sum P_{t}^{f}, \sum Q_{t}^{h}, \sum Q_{t}^{f}, \sum C_{t}^{h}, \sum C_{t}^{f}, \sum T_{t}^{h}, \sum T_{t}^{f} \right)$$
$$t = 1, 2, \cdots, n$$

（4.19）

在式（4.19）中，t 代表时间，即跨国企业生产的年份，n 表示预期的年份或报告期，如果考虑动态因素，那么跨国企业在追求利润最大化的过程中往往是考虑在一定时期内实现净利润和最大化。

与先前有着相似的分析，当跨国企业在母国和东道国进行生产投资时，为实现国内外获得最大的利润和，即 $\pi_0^h + \pi_0^f$ 的和最大，就需要尽可能地在国内外市场的销售过程中尽量提高售价，增加销售量 Q，以实现将 $P^h Q^h$ 与 $P^f Q^f$ 的和最大，通过在国内外的生产过程中尽可能地降低生产成本，实现 C^h 与 C^f 的和最小，同时综合利用有关政策减少税金支付，实现国内税金支出 T^h 与国外税金支付 T^f 的和最小。而上述目标最终需要借助国内外直接决定因素的统筹安排、合理分析和综合运用才得以实现。

第二节 对外直接投资决定因素的理论分析

由上述分析我们可以看到，依据经济学基本原理，企业开展对外直接投资的目标是在一定时期内获得利润的最大化，实现这一目标需要 C、T、P、Q 等相关变量的合理安排和共同作用。但是在具体理论分析中，需要对以下两个问题给予关注或解决：第一，由于上述四个变量难以直接量化和测度，因此在开展对外直接投资决定因素理论分析时还应寻找到能够通过影响 C、T、P、Q 而实现企业利润最大化的具体因素；第二，中国的投资实践，由于中国的投资战略和投资主体的性质，部分企业的投资动机或目标并非仅是单纯追逐利润最大化，有时是出于对某种特定优势的寻求，有时则是源于政府的宏观支持政策。

为此，本节在充分研究中国对外直接投资实践特点的基础上，采用与传统理论不同的分析视角，即从东道国和投资母国两个角度出发，分析影响中国企业对外直接投资的相关因素。之所以这样划分，是由于中国的对外直接投资活动与发达国家不同，投资行为不一定完全出于纯粹的企业行为，而是在一定程度上受到政府宏观干预指导下的企业行为。

一、东道国角度

（一）关于成本 C 的影响因素分析

如前所述，跨国企业开展对外直接投资所发生的生产成本 C 中包括了多项因素的影响。其大小取决于这些因素共同作用的结果，即：

$$C^f = C_1^f + C_2^f + C_3^f + C_4^f + C_5^f + C_6^f + C_7^f + C_8^f \qquad (4.20)$$

具体而言，主要包括以下决定因素：

1. 投资东道国的资金成本

来自东道国影响因素的 C 中包括跨国企业在国外发生的为满足生产运营所必须投入的资金成本 C_1^h，如跨国企业开展经营活动过程中所发生的国外融资成本等。这里的融资成本通常指企业在国外金融市场、资本市场或以其他方式开展融资活动所发生的成本。若企业自身有着较为充裕的资本，那么我们可以假设这一部分的成本为零；但是当企业开展跨国经营时，其资金支出需求较大，因此融资活动也是时有发生的，若企业无法得到融资，那么可能就阻碍了其投资的顺利开展，此时 C_1^h 的值就可能成为无穷大。

当投资资本需要依托融资满足时，融资成本就成为重要的决定因素。融资成本主要受到东道国金融、财政等相关政策的影响，如与之相关的东道国金融市场上银行贷款利率水平等。

2. 东道国自然资源禀赋

来自东道国影响因素的 C 中包括企业在东道国购买原材料的成本支出。不论跨国企业在何处购买原材料或者投入品，成本最低是一个非常重要的准则。资源紧缺导致各类资源类商品价格的大幅度上涨，而企业的生产经营则需要源源不断、及时充分的原材料供给来满足。当企业选择在本国生产所必须投入的要素由于国内资源供给不足而需要依靠进口来满足，或者当这种要素的国内价格远远高于国外价格时，企业的生产经营往往存在对外国较高的依存度。同时，由于原油、矿产等不可再生资源的价格提升所带来的巨大利润诱惑，或者出于对某种自然资源或原材料的战略性考虑以及开展国际贸易将面临诸多不确定性因素等多方面原因的影响，中国企业以资源开发为目的的对外直接投资在近些年迅速上升。过去 20 年来，中国已然从东亚最大的石油输出国转变成为世界第二大石油进口国。此外，在中国，对于铁、铜、镍、铝矿石和其他重要矿产品等的需求也在急剧增长。当国外的供给出现问题时，就会导致企业的生产经营无法顺利开展。特别当某些原材料具有特殊性的时候，例如某些生产活动是以自然资源作为投入品的，这样企业就需要考虑东道国这类资源的禀赋情况和丰裕程度。

为保证正常的生产，必然会加大成本投入，此时纵向形式的投资往往会发生。之所以通过对外直接投资的方式获得东道国的自然资源，主要是由于单纯依靠国际贸易进口方式获取自然资源投入品并不稳定，甚至有时还会存在贸易障碍，如海湾战争所带来的国际石油价格的波动等。此外，无论从国家经济安全战略角度，还是从跨国企业自身利益出发，尽早获得石油、矿石等自然资源的开采权也具有重要意义。但是需要我们注意的是，这类自然资源往往在各国经济中都具有非常重要的战略地位，有时跨国企业也不能顺利地以投资方式进入东道国市场，从而获取资源。例如，中海油早在 2005 年就试图以 185 亿美元现金收购美国优尼科公司，而该并购案由于政治原因而一直未能成功。2013 年 2 月，中海油宣布完成对加拿大油气公司尼克森（Nexen）的收购，该并购案支付对价约 151 亿美元，耗时 7 个多月。

从微观角度来看，当前一些跨国公司选择在某种生产要素资源禀赋丰富的国家进行投资，其目的就是为保证企业的正常、顺利生产，通过缩短购买生产要素的时间与周期，实现对生产要素投入成本的降低，进而实现其竞争优势的提升，获得稳定的利润收入。从宏观角度来看，当前中国正处于经济持续快速发展的时期，对能源以及其他资源的需求也将不断增加。在全球范围内积极寻求、合理配置可用资源的重任也落在中国能源类企业的肩上。通过寻求外部资源以保证母国资源的稳定供给对于母国经济发展具有重要的战略意义。

因此，东道国的资源丰裕情况对企业对外直接投资决定的影响是显而易见的。

3. 东道国劳动力成本

来自东道国的影响因素 C 中包括购买劳动力所发生的成本，若企业仅在国内生产，则只发生国内的雇佣劳动力费用，若企业开展跨国经营，则需要雇用国外的劳动力，或者向国外派出本国管理和技术人员，那么上述成本支出就决定了企业的成本。

4. 东道国技术与管理水平

来自东道国的影响因素 C 中包括企业的管理水平。企业的管理成本与其规模基本是正相关，即企业经营规模越大，管理成本也就越高。企业若想真正地实现发展，单一依靠低成本生产产品，采取低价格竞争策略是不可取的，需要整体提升企业各方面竞争力，其中技术能力与管理水平起到很大的作用。一般而言，企业之所以进行技术开发往往出于企业自身生产经营的需要，当企业拥有较为成熟的技术时，是否能在市场上有偿出让，不仅取决于是否有合适的买主，更为主要的是当这种转让可能会给企业带来潜在风险，并导致竞争对手产生时，即使对方出价再高，企业也不会出售，除非企业由于某些特定的原因无法继续占领市场。因此，对于那些在技术方面尚处于劣势地位的企业而言，想通过国际技术贸易将先进的生产技术以进口的方式引进来，几乎是不可能的，甚至完全是企业的一厢情愿。此外，有些技术进口需要支付高额的转让费，这也非一般企业所能承受。企业在经营中为弥补自身处于相对劣势的状态，一方面可通过自主研发或者开展技术创新来实现，另一方面，还可通过选择到国外技术相对密集区域进行投资来获得。以往的学者研究表明，技术自身具有外溢的特质，到技术密集地区进行直接投资可以以较低成本获得当地最新的技术信息，分享由于技术溢出所带来的效益，同时还可以雇用当地技术开发类人才[①]。总之，通过对外直接投资来获取当地先进的技术资源逐渐成为当前企业开展对外直接投资的主要动因之一，并且东道国的技术水平也决定着企业对外直接投资的区位选择。

此外，诸如企业的组织结构、制度安排和员工素质等都直接影响到企业的管理水平。从某种意义上讲，企业管理水平与其技术水平的重要性不分伯仲。因此，企业无论是从生存还是盈利的角度考虑，都将重视企业管理水平和技术水平的同步提升。

5. 其他决定因素

物流运输也是影响企业成本的重要因素，主要与国外的相关基础设施和服务关联。此外，决定成本的影响因素还包括东道国市场价格波动情况、市场营销、信息通信、外汇结算、母国与东道国的双边汇率等其他相关成本，它们都是影响企业对外直接投资的决定因素。

（二）关于税金 T 的影响因素分析

来自东道国的税金支出主要包括本国生产的产品销往东道国所发生的进出口相关税费，以及在东道国安排生产经营所发生的营业税等各种税收支出，当然这一影响因素与东道国的相关政策有着密切联系。

如果东道国通过设置贸易壁垒等实施贸易保护时，就阻碍了正常渠道的商品出口，如东道国实施反倾销、反补贴和临时性保障措施等。诚然，生产型企业通过在本国完成生产、组装后以成品方式销往国外可以获得利润，但由于产品出口往往涉及诸多环节，每一个环节都存

---

① 陈柳，刘志彪. 本土创新能力、FDI 技术外溢与经济增长[J]. 南开经济研究，2006（03）：90-101；赖明勇，张新，彭水军，包群.经济增长的源泉：人力资本、研究开发与技术外溢[J]. 中国社会科学，2005（02）：32-46.

在着成本与费用以及很大的不确定性，任何一个环节的成本大幅度提高，都意味着出口受阻。尽管世界经济全球化步伐正在推进，但短期内全球经济一体化很难实现，当前经济区域化的趋势愈发明显。在某些区域一体化内部，由于区域一体化协定的签订，区域内成员国之间的贸易相对便捷和容易，但区域整体对外则实行贸易保护。尽管现在多数行业的关税壁垒都已经全面降低或者去除，但以非关税壁垒为代表的新贸易保护主义依然存在。尤其在 2008 年的金融危机之后，发达国家经济严重受挫，为保护国内市场，普遍采用各类非关税措施限制国外商品的进入。一些商品的进口受到非常繁杂的如许可证、配额、反倾销、反补贴等管理的进口限制。美国、日本、欧盟等发达国家（经济组织）贸易保护主义者以环境保护名义滥用环境保护条约、法律和规则，通过制定过高的技术标准、繁杂的检验检疫程序和各种环境标志、认证体系阻碍来自中国等发展中国家产品的市场准入，从而使传统的贸易壁垒逐渐演变成看似合情合理又合法的环境壁垒，或称之为"绿色贸易壁垒"。

根据以往有关国际直接投资的研究，一般认为当国外市场存在贸易障碍时，对外直接投资常常被看作用来规避关税的手段[①]。程慧芳（2004）、唐宜红（2009）、蒋冠宏（2012）等认为贸易壁垒是对外直接投资的重要影响因素。Tomsen 和 Nicolaides（1991）认为，规避已有的或者预期的非关税壁垒是对外直接投资的重要动机。Barrel pain（1999）通过研究日本企业的对外直接投资发现，大部分日本的对外直接投资通常被认为用于规避反倾销诉讼，并通过实证研究对这一结论的正确性进行了验证。

在中国，当企业对于产品出口市场非常依赖时，对于中间商或者经销商的利用也更为充分。此时，贸易壁垒的存在将严重阻碍其产品

---

① E. Borensztein, J. De Gregorio, JW Lee. How does foreign direct investment affect economic growth[J]. Journal of International Economics, 1998(06): 115-135；Buckley P. J. Jeremy Clegg, Adam R. Cross. The determinants of Chinese outward foreign direct investment[J]. Journal of International Business Studies, 2007, 38(4): 499-518.

顺利出口，也使其生产难以实现规模化。为规避贸易壁垒及非贸易壁垒，在海外市场进行直接投资成为可能的选择。具体而言，要么直接在目标地市场投资，以避开来自东道国的贸易壁垒，要么先选择在享有目标国政府优惠待遇的第三国投资，再将从该国生产的产品出口到最终目标市场国家。

由此，T 的决定因素中，除一般性的营业税等各种税收支出外，还包括东道国是否存在贸易壁垒。

（三）关于产品价格 P 的影响因素分析

当产品在东道国市场上销售时，价格将受到多方面因素的影响，如企业的生产成本、产品定价策略、对外部市场的营销能力、东道国市场的供需情况等。产品价格的影响将是企业自身管理和技术水平、东道国有关政策以及企业自身竞争力等多种力量综合作用的结果。显然，当企业拥有某种垄断优势时，意味着企业生产的成本投入相对较低，对市场也有着较强的控制能力，具体表现在可以在制定较高的销售价格的同时实现较多销售量。这样企业在获得国内利润的同时也可获得来自外部国家的利润，对外直接投资成为其明智之举，这同先前的垄断优势理论的基本观点也是一致的。

由此可见，东道国市场规模以及东道国市场价格水平对企业的投资决策起到决定作用。

（四）关于市场销售 Q 的影响因素分析

无论是何种类型的跨国企业，都离不开对市场的依赖。因此，销售数量 Q 是企业在追求利润最大化过程中作用最强的决定因素。

尽管中国有着庞大的国内市场，但在当前全球性买方市场条件下，寻求市场成为一个突出的经济问题。因为本国的市场总是有限的，企业若想获得更多的利润，则需要借助对外直接投资来实现对海外市场的拓展与占有。对于企业而言，由于受到母国有限的市场资源的限制，其追求利润最大化的目标也难以实现，此时若存在一个或多个能够使企业潜在的生产能力得以发挥的国家，并且满足企业在国内生产的投入成本将超过到国外生产时，企业会考虑在不影响本国国内生产经营活动的同时，进一步占领国外市场，从而获得更多的利润。相应地，如果这一投资投入成本远远低于其在本国市场的投入时，企业甚至可能放弃在国内的生产，而将生产经营活动完全转移至国外。这种策略会为企业带来多方面的收益：首先是生产成本大幅度下降；其次是以较快的速度占领国外市场；最后是国内市场可以通过返销的方式进行控制。

此外，与销售数量具有密切关系的除东道国市场规模外，还包括企业自身的营销水平、企业管理和技术水平以及国内外有关政策等因素，有关这一方面的分析，我们将在投资母国角度决定因素中展开分析。

在实践中，由于经济问题本身的复杂性，我们无法在一个模型中将所有影响因素罗列，只能将其中具有代表性的因素以列举的方式进行说明。企业依据模型中所涉及的成本、税金、销售收入和净利润并结合利润最大的基本经济原理来决定其是否开展对外直接投资，其中还涉及投资的方式、区位选择等。同时我们也需要从以下两方面来理解 C、T、P、Q 四个指标的作用：

第一，我们对上述指标（C、T、P、Q）分析的主要目的并非解释这四个指标的具体含义，而是从理论上解释企业开展对外直接投资将受到哪些来自东道国方面因素的影响。事实上，这四个指标旨在表达一种影响机制，它们并不直接发挥作用。真正决定和影响企业对外直接投资决策的是那些发挥直接作用的具体影响因素共同作用的结果（如东道国市场规模、东道国能源丰裕程度、东道国是否存在贸易壁垒、东道国管理水平、技术水平、金融市场情况以及与母国的双边汇率等）。

第二，在实践中，在企业投资中同时控制 C、T、P、Q 四个指标是十分困难的。当企业开展对外直接投资活动时，往往会选择其中的某一项或几项（但绝非全部）作为其投资的目标，或者在不同的投资时期选择不同的投资目标，这样就可能会产生投资动机的多样化。因此，第五章基于东道国角度对中国企业对外直接投资决定因素的实证检验，就是从不同的投资目标来进行计量分析的。

二、投资母国角度

在本节，我们主要基于母国角度，从宏观和微观两个层面分析对外直接投资的影响因素。其中，在宏观层面，首先依据一般经济学原理，即跨国企业在开展对外直接投资活动中的最终目标——一定时期内获得最大化的利润，以 C、T、P、Q 四个指标为桥梁进行决定因素分析；其次，结合中国经济发展特色，从中国作为投资母国所具有的特殊优势角度进行决定因素的补充说明。在微观层面，基于企业异质性理论角度，以 Helpman（2004）理论模型为基础进行微观理论模型的构建与推导。

（一）宏观层面分析

关于对外直接投资的母国决定因素分析这一目标的实现需要 C、T、P、Q 等相关变量的合理安排和共同作用。

1. 生产成本 C 的影响因素

如前所述，跨国企业开展对外直接投资所发生的生产成本 C 中包括了多项因素影响，即：

$$C^h = C_1^h + C_2^h + C_3^h + C_4^h + C_5^h + C_6^h + C_7^h + C_8^h$$

生产成本 C 取决于这些因素共同作用的结果，具体包括：

第一，资金成本。企业开展对外直接投资必然需要大量的资金支持，也必然会涉及外汇的使用。自 1978 年以来，中国外汇储备总额逐年增加，截至 1990 年，中国外汇储备为 110.93 亿美元，2000 年为 1655.74 亿美元，进入 2012 年中国外汇储备已达 33115.89 亿美元[①]。

---

① 中国国家外汇管理局。

持续增加的外汇储备极大地增加了中国货币政策的操控效果与风险，如何合理利用这一庞大的外汇储备成为当务之急。当然，从中国当前巨额的外汇储备看来，积极鼓励企业"走出去"也是加强外汇流动性的一个有效手段。外汇储备为中国企业的对外直接投资提供了资金保障与支持。

第二，购买原材料的成本支出。随着中国经济的持续快速增长，对资源的需求越来越大。中国既是能源生产大国，也是能源消费大国。尽管从总量上看，中国能源生产和消费基本持平，但受到资源禀赋的影响，主要能源的供需结构非常不平衡。从目前情况看来，对支持中国经济增长所必需的战略资源如天然气和石油等，中国储量仅占世界平均的45%和11%[①]。中国煤炭资源比较丰富，但仅以2005年为例，中国煤炭净出口为4551万吨，焦炭出口为1276万吨[②]。此外，中国有色金属资源也十分短缺，中国人均储量仅为世界平均水平的50%，排名80位[③]，而与之极为不平衡的是中国的有色金属矿产需求位居世界第一位。特别是近年来石油供给紧张，国内资源供需缺口越来越大，自身的原材料生产基本无法满足国民经济快速发展的需要。因此，对外直接投资与中国的能源消费有着重要联系，到海外资源禀赋丰富的地区参与资源类项目投资成为中国的重要经济战略。

第三，购买劳动力所发生的成本。根据国际生产折中理论，企业区位优势的主要来源是以劳动为主要构成的生产要素成本。也就是说，国内较高的劳动力成本会导致企业整体生产成本的上涨，会促使企业到国外寻找更为低廉的劳动力，这样便产生了对外直接投资。本书的研究对象是中国的对外直接投资，就其自身情况而言，中国长期以来依靠低成本获得经济增长，但是这种低廉劳动力成本的境遇（或者优

---

① 邱立成，王凤丽. 我国对外直接投资主要宏观影响因素的实证研究[J]. 国际贸易问题，2008（06）：78-82.
② 世界银行能源统计数据。
③ 李佩璘. 新兴经济体对外直接投资研究[D]. 上海：上海社会科学院，2010.

势）正在发生转变，目前中国已经进入劳动力成本的上升期[1]。因此，当前正在上涨的劳动力成本可能是中国部分企业开展对外直接投资原因或决定因素。

第四，外汇结算成本。汇率决定着外汇结算成本，一直以来是影响企业国际投资的一项重要的因素。一些学者的实证研究表明母国汇率的升值会带来其资本流出的增加，从而增加对外直接投资。[2]因为当本币对外升值时，企业的对外直接投资购买力将增强，此时企业对于直接投资的倾向性更强，尤其是当母国企业的对外直接投资目的是获取东道国技术、管理等战略资产时，购买力增强会促进这类资产寻求型对外直接投资活动的发生[3]。

第五，决定成本 C 的其他因素。投资母国影响因素 C 中还包括国内为满足企业生产运营所必须投入的资金成本、物流成本、营销成本、管理成本、国内研发成本和其他国内成本如信息通信成本、贸易保护所发生的成本、获取信息成本等。这些成本的付出则往往取决于跨国企业的所有权优势（关于企业层面的相关影响因素分析见下文）。而中国跨国企业在长期以来的对外直接投资实践中证明，它们往往并未拥有所有权优势，而恰恰通过投资来"购买"某种特定优势（如通过招商引资方式），反过来通过溢出效应再进一步提升其自身优势，从而实现对成本的合理控制。上述诸因素共同影响和决定着一国企业对外直接投资的决策与选择。

2. 税金 T 的影响因素

在母国影响作用中的税金 T 主要涉及企业在国内经营活动中发生与生产和销售活动相关的各类税收，如企业所得税和增值税等。如果在其投入品中还涉及进口商品，则还需承担相应的进口关税、进口增值税等。而上述所提及的直接影响因素则与母国现有的国内政策有

---

① 张本波. 我国劳动力成本上升的因素和影响[J]. 宏观经济管理, 2008（08）: 40-42.

② RZ. Aliber. A theory of direct foreign investment[M]. MIT Press Cambridge, 1970.

③ BA. Blonigen. Firm-specific assets and the link between exchange rates and foreign direct investment[J]. American Economic Review, 1997(06): 447-465.

着密切关系。

3. 产品价格 P 的影响因素

母国影响作用中的产品价格 P，主要涉及在母国生产并在母国销售部分。商品在国内市场的定价影响因素与在国外市场是相似的，与母国经济发展水平和劳动力成本等因素有关，具体而言，主要取决于企业的总生产成本，当然企业的生产技术水平也决定着其对价格的操控能力。

包括垄断优势论、生产折中理论以及产品生命周期理论等在内的主流对外直接投资理论都强调企业对外直接投资中技术的重要性。一些针对新兴经济体国家的对外直接投资研究并不否认企业技术水平的重要性。但需要注意的是，在对某些发展中国家展开研究时发现，其对外直接投资往往有别于发达国家，主要体现在对国外技术的引进和对母国企业技术创新与技术累积方面。企业所拥有的技术水平越高，其生产差异化产品的能力也越强，就越容易对产品价格实施控制，如垄断厂商或寡头厂商所实行的价格歧视等。

此外，决定价格 P 的因素中还包括企业营销能力、国内市场供求情况、国内相关行业发展以及母国相关产业政策等多方面因素。这些因素不仅决定了企业的成本，还会影响企业对产品价格的制定。为避免与前文内容发生重复，在这一部分主要考虑企业技术水平因素的影响。

4. 市场销售 Q 的影响因素

关于模型中所涉及的销量 Q 的影响因素，依据经济学基本理论，除受到产品定价的影响外，主要受到母国经济发展水平和进出口贸易等影响。

第一，母国经济发展水平。根据投资发展周期理论中有关一国经济发展与该国对外直接投资存在正向相关性的理论解释（Dunning，1981），大量学者的理论研究都证实了经济发展水平和对外直接投资的关系。关于该理论在中国的相关实践，第三章已进行了较为详尽的检验。尽管在 2001 年邓宁对投资发展周期理论进行了调整，但对外直接投资净额的变化规律依旧没有改变。托伦蒂诺（Tolentino，1993）利用 1960—1984 年 30 个国家的对外直接投资数据进一步验证了对外直接投资与经济发展水平有直接的正相关关系。中国是典型的转型经济体国家，近年来中国经济发展速度惊人，对于转型经济体国家而言，母国经济发展水平和国内市场规模是对外直接投资的主要决定因素[1]。国内学者对于这一关系也进行了研究和证实（刘忠红，2001；高敏雪，李颖俊，2004；黄静波，张安民，2009）。

第二，进出口贸易。通常，一国进出口贸易的扩大将增加企业产品在市场的占有率和销售量。但根据以往研究，进出口贸易对企业对外直接投资的影响可能会产生两种不同的结论：其一是由于存在贸易替代效应，而导致进出口贸易抑制了对外直接投资；其二是存在互补效应，即贸易对对外直接投资会产生促进作用。关于这一问题的研究可谓仁者见仁，智者见智。世界贸易组织（WTO）（1997）在研究不同开放程度国家的投资状况中发现，一国的对外开放程度越低，越容易导致对该国以贸易替代为目的对外直接投资的发生。因此，当东道国实行贸易保护，存在贸易壁垒时，对该国的对外直接投资就越有可能发生。此外，一些研究还发现，进出口贸易与对外直接投资存在互补共存的关系（海恩，1992；卢卡斯，1993）。马库森和斯文松（Markuson and Svenson，1984）认为，要素流动和商品贸易之间既存在替代性又存在互补性，具体属于哪一种情况，则取决于贸易和非贸易要素之间的关系是"非合作的"还是"合作的"。

此外，母国的市场规模、经济产业政策等也是与市场销售 Q 具有较高相关性的影响因素。

在前文分析中，我们不难发现，在诸多对外直接投资母国决定因素中，一些决定因素可以同时影响模型中的多个参数，也就是说它们

① Andreff W. The new multinational corporations: outward foreign direct investment from post-communist economies in transition[J]. Transnational Corporations, 2003, 12 (2): 73-118.

对 C、T、P、Q 的影响作用并非是孤立的，有时是相互关联的。还需注意的是，在中国企业开展对外直接投资活动中，除与上述 C、T、P、Q 等因素相关外，还与中国特有的经济环境和母国优势有着密切关联。具体体现在以下五个方面：

第一，经济高速增长所带来的母国优势膨胀。由于中国经济在改革开放后的三十多年中取得了巨大成就，大量的外商直接投资流入进一步引起经济的高速增长和贸易顺差的发生，这些使中国由一个经济发展水平较低、严重外汇短缺的国家变成世界范围内经济增长速度最快、外汇储备最高的国家。虽然现阶段的中国仍然是发展中国家，但来自中国的对外直接投资企业利用中国所特有的母国优势依然可以在世界范围内组织和安排生产。尽管某些企业可能开始不具备比较优势，但通过开展对外直接投资，仍然可以获得和利用东道国企业的特定优势，从而提升其自身优势。

第二，中国经济开放的程度不断提高。一国（地区）的经济开放程度是其开展对外直接投资的重要决定因素。一国经济开放程度越高，意味着对跨国资本流动所设置的障碍越少［阿西杜（Asideu，2002）］。由于经济发展是一国对外直接投资发展的基础，相对于封闭经济体而言，开放经济体在经济发展中速度更快，经济增长也更快，也更有利于对外直接投资的开展。中国虽然尚处于发展中国家，但已经成为经济全球化的积极参与者，在中国经济融入全球化的过程中，对外直接投资也获得了相应的发展，尤其是伴随着"走出去"战略的提出与实施，中国对外直接投资规模不断扩张。

第三，政府政策支持。中国具有"中国特色"的制度环境是有别于世界上其他任何一个国家的。这一特殊的制度环境对中国的对外直接投资也有着深远的影响。在过去的三十多年中，大量的外资流入是1978年所提出的"改革开放"的重要成果之一；而近年来大量的对外直接投资流出则源自2000年的"走出去"战略的正式提出。为支持"走出去"战略，针对企业开展对外直接投资中国推出了一系列有利的政策，积极鼓励国有企业开展具有经济战略目标的对外直接投资活动。尽管现在政府对经济的管理开始适当放宽，但其在引领中国企业进入国际舞台所做出的努力是不容忽视的。

第四，对外商投资的大规模吸引和充分利用。引进和利用外资已然成为众多发展中国家进行改革开放、积极参与经济全球化和实施开放性发展战略的重要方式。一般而言，内向国际化被视为企业进行国际化的标志①。内向国际化是指利用引进的外国资本、技术和人才等生产要素，通过合资、合作等方式进入本土，并在本土加以利用，逐步实现其在国内的市场国际化，进而实现企业的国际化。由于利用外资与对外直接投资两者之间存在着学习和技术溢出等机制，发展中国家也应积极利用引入外资所带来的示范效应和溢出效应带动其自身规模经济的扩大，从而实现企业"走出去"②。根据联合国贸发会议《世界投资报告（2012）》的资料显示，2012年，中国仍旧是发展中国家中吸收外国直接投资最多的国家，从全球排名来看仅次于美国，以1210亿美元的吸引外资额位居第二。通过利用外资，以及对外贸易的扩张，企业不仅积累了跨国经营的经验，也逐渐具备"走出去"的能力。

第五，投资具有寻求所有权优势的特征。拥有了前文所提及的母国优势和政策的支持，中国的对外投资企业能够在全球范围内通过并购交易等不同的直接投资模式来获取和弥补它们在竞争优势上的不足，使中国的对外投资企业由获得外国公司特定优势的接受者成为外国特定优势的购买者和拥有者。

基于本部分的研究，我们基本可以构建一个中国对外直接投资的理论框架。而该理论的根本在于中国特有的母国优势。自从2000年提出"走出去"战略后，中国的对外直接投资活动受到一系列有利于其发展的政策大力支持。在此背景下，中国对外投资企业往往可以获得

---

① John A. Mathews. Dragon multinationals: New players in 21st century globalization[J]. Asia Pacific Journal of Management,2006(03): 5-27.

② 官建成，王晓静. 中国对外直接投资决定因素研究[J]. 中国软科学，2007(02): 59-65.

原本不具备的竞争优势。但关于该理论框架是否同样适用于其他新兴经济体国家或发展中国家，则不是本书所涉及的内容，需要在未来的研究中进行。

还需要注意的是，在我们构建对外直接投资理论框架时，模型中的指标无论是销售价格 P，还是销售数量 Q，对模型结论的影响都不是单一的，而是共同作用的结果，显然 P、Q 是一对并列存在的指标，而 C 和 T 在模型中的影响则是相对独立的。但是，上述四个方面因素是在理论上实现模型中利润最大化过程中需要先期达成的间接目标。这一目标的实现，需要分析企业对外直接投资决定因素中影响 OFDI 的直接因素。

（二）微观层面分析

在上述宏观层面分析中，我们结合构建的对外直接投资理论框架，从投资母国角度，在国家层面分析了影响中国企业开展对外直接投资的决定因素。在这一部分，我们将从微观层面，即以企业为主体，并基于企业异质性理论构建对外直接投资决定因素的理论模型。企业层面理论模型的构建在 Helpman 等（2004）的模型基础上进行扩展，将其运用到对中国企业对外直接投资决策的影响分析之中[①]。根据 Helpman 等（2004）的研究中有关理论模型的基本思想，本书将构建如下理论模型：

我们假设在经济社会中共有 $n+1$ 个国家（地区）和两个经济部门，其中 n 个国家为东道国，且每一个国家都有各自的国家标号，为 $1,2,\cdots,n$。为了保证本书的理论模型更具有一般性，我们在此选择任意一个国家 j 作为我们的研究对象，且 $j \in \{1,2,\cdots,n\}$；另外的一个国家为投资母国，我们用 h 表示。在两个经济部门中，一个经济部门生产同质产品，另一个部门则生产差异性产品，其中生产的同质性产品采用记账单位来表示（记为 Numeraire），并假设产品在世界各国均可

① E. Helpman, MJ. Melitz, SR. Yeaple. Export versus FDI with heterogeneous firms[J]. The American Economic Review, 2004(03): 300-316.

以生产。接下来我们将分析来自国家 h 的企业如何制定其对外直接投资决策，即该企业是否选择开展对外直接投资。

首先，模型假定存在 CES 效用函数，表达式为：

$$U = \left[\int_{x \in \Omega} x(\omega)^\alpha \mathrm{d}\omega \right]^{\frac{1}{\alpha}} \qquad s.t. \quad p_i(\omega) x_i(\omega) = E \qquad (4.21)$$

其中 $X(\omega)$ 代表商品 ω 的消费量，Ω 为全部商品的集合。α 为任意两种商品之间的替代关系，企业满足 $0<\alpha<1$。利用效用函数最大化，我们可以求得国家 j 对任意一家企业 i 所生产产品的需求函数为：

$$x_{ij}(\omega) = \frac{E_j}{P_j} \left[\frac{p_{ij}(\omega)}{P_j} \right]^{-\varepsilon} \qquad (4.22)$$

在式（4.22）中 $x_{ij}(\omega)$ 表示企业 i 在国家 j 所销售的商品数量，E_j 代表国家 j 总的支出水平，P_j 表示国家 j 的价格指数，$p_{ij}(\omega)$ 代表企业 i 在国家 j 所销售的商品 ω 的价格，ε 为需求弹性，且满足：$\varepsilon = 1/(1-\alpha) > 1$。

假设 h 国内有多家企业，企业的生产率水平各不相同，以 θ 代表其生产率水平，它的累积分布函数记为 $G(\theta)$，同时我们令 A_j 为国家 j 的需求水平，且有 $A_j = E_j / \left(a_{ij} P_j^{1-\varepsilon} \right) \sqrt{a^2 + b^2}$，在规模报酬不变的假设下，国家 j 对任意一家企业 i 所生产产品的需求函数将简化为式（4.23）：

$$x_{ij}(\omega) = a_{ij} A_j P_{ij}(\omega)^{-\varepsilon} \qquad (4.23)$$

其中 a_{ij} 为与国家 j 和企业 i 相关的特定需求参数，用来描述不同企业各自的产品偏好等特征。设 a_{ij} 的累积概率函数为 $H(\alpha)$，则 $H(\alpha)$ 能够反映出企业 i 与国家 j 间的特质差异。

接下来我们进行来自国家 h 的企业是否选择开展对外直接投资的

决策分析：

第一种情况：假设某一代表性企业 i 仅在国内生产，则此时企业 i 所面临的可变成本为 C_h/θ_i，固定成本为 f_h^0。那么，如果企业 i 选择国内生产而将产品出口到国外，则需增加贸易成本（冰山成本）（当 τ_{ij} ＝1 时则只在国内销售），τ_{ij} 一般用来反映两国之间所发生的运输成本以及进口国 j 对出口国 h 所征收的进口关税。此外，企业还需支付发生在海外市场的固定成本 f_h^1。如果企业欲到东道国 j 投资建厂，所生产的产品用来供应海外市场，则意味着企业对东道国 j 开展了直接投资，那么需要支付固定成本 f_j，并且满足 $f_j > f_h^1$。

本书理论模型的构建与 Helpman 等（2004）的研究类似，假设在市场中技术是完全自由转移的，并且企业在各个国家的生产率相等。那么对于任意一个东道国 j，都有下列表达式：

$$\left(\frac{C_j}{C_h}\right)^{\varepsilon-1} \quad f_j > \left(\tau_{ij}\right)^{\varepsilon-1} f_h^1 > f_h^0 \tag{4.24}$$

这样，对于国家 h 中生产率水平为 θ 的企业而言，其选择仅在国内生产并销售，或者国内生产出口至国家 j 所面临的边际成本分别为：

$$C(\theta_i)=\begin{cases} C_h/\theta_i \\ C_h\tau_{ij}/\theta_i \end{cases} \tag{4.25}$$

同时根据上述不同的选择，企业 i 的最优定价策略应该是：

$$P_{ij}=\begin{cases} C_h/\alpha\theta_i \\ \tau_{ij}C_h/\alpha\theta_i \end{cases} \tag{4.26}$$

在本书框架中，我们不单独考虑企业 i 在本国生产并出口的情况，只分析仅在本国生产的情况。那么在这一情况下，企业 i 将不会进行对外直接投资，此时根据 Helpman 等（2004）的研究，应选择价格

$P_{ij} = \tau_{ij} C_h / \alpha \theta_i$，使得式（4.27）中 π_i^X 最大化，即：

$$\begin{aligned}
\pi_i^X &= (1-\alpha) P_{ij} X_{ij} - f_h^0 \\
&= (1-\alpha) \frac{\tau_{ij} C_h}{\alpha \theta_i} \cdot a_{ij} A_{ij} \left(\frac{\tau_{ij} C_h}{\alpha \theta_i} \right)^{-\varepsilon} - f_h^0 \qquad (4.27) \\
&= a_{ij} B_j \left(\frac{\tau_{ij} C_h}{\theta_i} \right)^{1-\varepsilon} - f_h^0
\end{aligned}$$

其中：$B_j = (1-\alpha) \alpha^{\varepsilon-1} A_j$。

第二种情况：假设某一代表性企业 i 进行对外直接投资，即选择到国外生产，则会发生可变成本为 C_j / θ_j，而在国外生产面临的成本为 f_j，此时企业 i 应选择价格 $P_{ij} = C_j / \theta_i$，使得（4.28）式中 π_i^I 最大化，即：

$$\begin{aligned}
\pi_i^I &= (1-\alpha) P_{ij} X_{ij} - f_j \\
&= (1-\alpha) \frac{C_j}{\theta_i} \cdot a_{ij} A_{ij} \left(\frac{C_j}{\theta_i} \right)^{-\varepsilon} - f_j \qquad (4.28) \\
&= a_{ij} B_j \left(\frac{C_j}{\theta_i} \right)^{1-\varepsilon} - f_j
\end{aligned}$$

由上述分析可知，若使企业 i 选择对外直接投资的条件成立，则需有 $\pi_i^I > \pi_i^X$，即：

$$a_{ij} B_j \left(\frac{C_j}{\theta_i} \right)^{1-\varepsilon} - f_j > a_{ij} B_j \left(\frac{\tau_{ij} C_h}{\theta_i} \right)^{1-\varepsilon} - f_h^o \qquad (4.29)$$

由此，我们可以得出：

$$\theta_i > \left\{ \frac{f_j - f_h^{\,0}}{a_{ij} B_j \left[C_j^{1-\varepsilon} - \left(\tau_{ij} C_h \right)^{1-\varepsilon} \right]} \right\}^{\frac{1}{\varepsilon-1}} \tag{4.30}$$

我们将此生产率水平的下界定为 $\overline{\theta_l}$，即：

$$\overline{\theta_l} = \left\{ \frac{f_j - f_h^{\,0}}{a_{ij} B_j \left[C_j^{1-\varepsilon} - \left(\tau_{ij} C_h \right)^{1-\varepsilon} \right]} \right\}^{\frac{1}{\varepsilon-1}} \tag{4.31}$$

为方便，我们对式（4.31）两边取对数，得：

$$\ln \overline{\theta_l} = \frac{1}{\varepsilon-1} \left\{ \ln \left(f_j - f_h^{\,0} \right) - \ln a_{ij} - \ln B_j - \ln \left[C_j^{1-\varepsilon} - \left(\tau_{ij} C_h \right)^{1-\varepsilon} \right] \right\}$$

$$\tag{4.32}$$

由式（4.30）、（4.31）、（4.32）可知，若企业 i 选择到国家 j 开展对外直接投资，则该企业的生产率水平应满足 $\theta_i > \overline{\theta_l}$，否则企业会选择在国内生产（当然这种情况还包括产品是否出口）[1]。

由此可见，对于异质性企业而言，其对外直接投资将受到企业生产率水平的影响，即当生产率水平达到某一特定阈值时，企业才有可能开展对外直接投资，因此生产率水平越高的企业开展对外直接投资的倾向性越强。由于理论模型自身的局限性，我们无法在模型中度量企业对外直接投资决策的全部影响因素，关于这一问题，我们将在第六章通过实证检验的方式予以验证和解决。

---

[1] 如前文所述，关于非对外直接投资企业是否参与出口活动不在本书的分析范围之内。

第五章 中国对外直接投资决定因素的实证检验：基于东道国角度

对外直接投资的决定因素是多方面的，理论界一直存在着争论。目前国内外学者分别从不同的视角、基于不同的理论和研究方法展开分析。其中 Chakrabarti（2001）通过整理 20 世纪 60～90 年代的相关文献，总结出以下八个方面的决定因素：市场规模、劳动力成本、贸易壁垒、经济增长率、开放性、贸易赤字、汇率和税收，既包括来自企业内部自身的驱动因素，也包括决定企业对外直接投资选择的外部因素。在本章的分析中，我们集中从东道国角度出发，按照第四章分析得出的中国对外直接投资的决定因素，即东道国的自然资源禀赋、市场规模、跨越贸易壁垒、寻求技术与管理等因素提出假设，进而开展实证检验。

第一节 主要决定因素变量的确定与假设

一、寻求稳定的资源供应

传统对外直接投资理论认为，一国的对外直接投资与其资源储备和消耗有着密切联系。中国虽然有着较为丰富的自然资源储备，但伴随着改革开放所带来的经济快速发展，中国对矿产等自然资源需求日益加大，某些国民经济急需的资源只能从国外获得，当前中国已然成为自然资源的净进口国[①]。东道国自然资源的丰裕程度会直接影响中国的对外直接投资，因此本章引入矿石和金属出口占 GDP 比作为衡量这一因素的指标，东道国资源供应占比越大，则对外直接投资量越大。由于自然资源禀赋在各国或地区存在明显的差异，而中国企业在开展对外直接投资若以寻求自然资源为动机，必然是以资源为导向的投资，这时东道国资源的可获得性就决定了中国企业的对外直接投资决策，故提出假设：中国企业的对外直接投资与东道国自然资源的丰裕程度呈正相关。

二、寻求扩大出口市场

出口市场的扩大可以带来经济学上的规模经济和范围经济，企业之所以开展对外直接投资，重要的因素就是开拓海外市场以取利润最大化，以此为动因的对外直接投资主要为了获取东道国潜在的市场。根据一般经济理论的分析，这种寻求市场型的对外直接投资与东道国的市场规模存在着一定的正向增长关系，东道国的市场规模越大，企业通过对该东道国的投资获得潜在利润的可能性越大，从而更加增进对该国家（地区）的投资[②]。来自大量国家和地区的实证研究也证明了这一结论的正确性（程慧芳、阮翔，2004；蒋冠宏，2012）。而对于外部市场的寻求一直是中国企业对外直接投资的重要动因，因此，东道国的市场规模对于中国对外直接投资很可能存在显著的影响。在此，本书选用东道国人均 GDP 作为代表变量衡量东道国潜在市场规模，并假设：中国企业的对外直接投资与东道国潜在市场规模呈正相关。

---

① 谢康. 试论中国对外直接投资的动因及措施[J]. 世界经济研究，2003(08): 12-16.
② Buckley P. J, Cross A. R, Tan H, et al. Historic and emergent trends in Chinese outward direct investment[J]. Management International Review, 2008, 48 (6): 715-748.

三、寻求技术和管理技能

作为投资母国的中国尚属于发展中国家，相比发达国家，缺少相对富裕的资本和技术禀赋以及可内部化的特定产业。因为跨国公司对高新技术实施严格的控制，中国企业在利用外资过程中很难获得先进技术，只能获得成熟技术[①]。中国对发达国家的直接投资往往以获取某种先进技术或管理技能，加速其技术累积为目的，故东道国的技术和管理水平很大程度上影响中国的对外直接投资，尤其是对发达国家的对外直接投资。本章选用东道国科技期刊发表数量作为东道国技术管理水平的代表变量，并假设：中国企业的对外直接投资与东道国技术水平呈正相关。

四、寻求金融资本

在中国的一些对外投资企业中，投资动机是为了弥补本国资本供给的不足。本章选取东道国银行部门提供的国内信贷占 GDP 的比重作为指标，用以衡量东道国信贷资金供给量。东道国信贷资金供给越充足，越能够吸引中国企业投资，故提出假设：中国企业的对外直接投资与东道国资本供给呈正相关。

五、跨越贸易壁垒

贸易壁垒按其表现形式可分为关税和非关税壁垒。以壁垒跨越为动机的投资早在 19 世纪末就已产生，当时美国在加拿大和欧洲，英国在美国和欧洲等地区的对外直接投资就归因于关税跨越动机[②]。国内学者对贸易壁垒跨越行为机制的研究表明，中国企业"走出去"很大程度上表现为一种贸易壁垒诱发式的投资行为[③]，伴随着全球经济一

---

① 崔家玉. 中国对外直接投资的动因[J]. 大连海事大学学报（社会科学版），2010（03）：12-14.

② Kenwood & Lougheed. The Growth of International Economy 1820-2000[M]. Fourth Edition, London and New York, 1983.

③ 杜凯，周勤. 中国对外直接投资：贸易壁垒诱发的跨越行为[J]. 南开经济研究，2010（02）：44-63.

体化，税壁垒保护措施越来越频繁，尤其以反倾销为代表的贸易壁垒是诱发中国企业对外投资的重要驱动力。由于受到数据可获性和计量分析适用性方面的制约，本章选择使用东道国反倾销案件发起数量作为解释变量，并提出假设：中国企业的对外直接投资与东道国贸易保护程度呈正相关。

第二节　变量样本的选取和数据来源

由于数据获取的限制，以及对不同东道国衡量标准方法的不确定性，选取 2000—2010 年中国对外直接投资 178 个东道国中投资存量前 100 名的 73 个投资东道国作为样本国家，并按照经济发展水平分类，其中发达国家有 22 个，发展中国家有 41 个，低度发达国家有 10 个（表5.2），样本国家吸收中国对外直接投资存量占中国对外直接投资存量总额的 74.9%[①]，具有一定的代表性。本章采用面板数据进行研究[②]，首先，面板数据兼有横截面和时间序列的数据类型，其优点是能够很好地解决遗漏变量问题。其次，面板数据还可以将经济问题分析动态化，并且面板数据将样本容量扩大，使回归结果更加稳健。本章选用中国对不同东道国对外直接投资的年度流量数据作为因变量，观测经济总量在某一时间段内的变动情况，使用流量数据能更好地分析影响中国外直接投资的动机。

一、各变量数据来源

本研究的主要对象为中国企业的对外直接投资，对于该投资额存在着多种不同的测度方法，其中在一些学者的实证分析中采用的是中国制造业和服务业对直接投资的汇总数据（项本武，2005），还有学者

---

① 这里样本国家不包括有"避税天堂"之称的中国香港、英属维尔京群岛和开曼群岛。
② 中国对东道国投资的国别数据来自历年《中国对外直接投资统计公报》。

使用的是中国官方公布的对外直接投资年度数据（Bala Ramasamy 等，2012；Buckley 等，2008）。目前官方可查阅的中国对外直接统计数据来自中国商务部各年度的《中国对外直接投资统计公报》。由于企业数据获取困难，以及对不同东道国衡量标准方法的不确定性，故选取2000—2012 年中国对外直接投资流量数据作为被解释变量，其中2000—2002 年度数据使用联合国贸发会数据库以及《中国对外经济统计年鉴》中数据，2003—2012 年度数据使用《中国对外直接投资统计公报》数据。相关解释变量数据来源等详细情况可参见表 5.1。

东道国市场规模的代表变量为东道国人均国内生产总值（人均GDP）。其中我们所了解的关于 GDP 的折算方法共有两种：其一是按照购买力平价（即 PPP）方法计算；其二是按汇率折算。相比较而言，由于汇率难以反映货币购买力的真实比率，因此采用前者——购买力平价方法进行折算。数据来自世界银行数据库。

我们用东道国矿石和金属出口占商品出口百分比来测度东道国资源丰裕程度，使用该指标为代表变量，因为它是当前研究中用来衡量东道国自然资源禀赋的常用指标。其中，矿石和金属包括联合国国际贸易标准分类（SITC）的第 27 节（未加工的肥料、未列明的矿物）、第 28 节（金属矿、废料），以及第 68 节（有色金属）中的全部或部分商品（世界银行，2012）。

在本章中，衡量东道国技术与管理水平的代表变量为东道国科技期刊文章数量指标。以往研究中，有的学者使用东道国的研究与开发（R&D）投入占 GDP 比重作为代表变量，但笔者认为，R&D 投入只能说明一国（地区）的科技研发投入，还不能较好地衡量研发产出，故本书参考 Buckley 等（2008）以及李佩璘（2010）等的研究，使用东道国科技期刊文章数量来衡量东道国的技术水平，数据引自世界银行数据库。

关于东道国金融资本的丰裕程度，本章使用银行部门提供的国内信贷占 GDP 的比重作为代表变量。根据世界银行 2012 年度数据指标的解释，银行部门提供的国内信贷包括以总额计算对各部门的所有信贷（中央政府信贷除外），并以净额计算。银行部门包括货币当局和存款银行，以及可获得数据的其他银行业金融机构（包括不接受可转移存款但确实承担类似定期和储蓄存款责任的机构）。通过该指标的选用，我们可以衡量一国（地区）金融资本的丰裕程度，以此验证企业的对外直接投资是否存在寻求资本的动机，数据来自世界银行数据库。

我们使用东道国反倾销案件发起数量来作为代表变量对东道国贸易壁垒的测度进行实证检验。由于本研究主体对象为中国的对外直接投资决定因素，我们采用各东道国在以往各年度向中国发起的反倾销案件数量的累计求和数据来衡量反倾销案件发起数量。这样可以更为充分和准确地衡量、检验中国的对外直接投资与东道国贸易壁垒的正向关系。

此外，为保证研究的稳健性，本章还选取了其他变量指标：东道国通货膨胀率和东道国对中国的相对汇率（以美元计价的外币对人民币汇率比）等。上述所提及的所有变量指标、数据来源以及预期符号方向等信息可参见表 5.1。

表 5.1　对外直接投资东道国决定因素变量解释和数据来源

变量类型（变量）	指标选择	投资动机（理论依据）	预期符号	主要/控制变量	数据来源
被解释变量（LNOFDI）	中国各年度对东道国非金融类 OFDI 流量	—	—	—	《中国对外直接投资统计报》UNCTAD《中国对外经济统计年鉴》
解释变量（LNMINE）	矿石和金属出口（占商品出口的百分比）	寻求战略资源	正	主要	世界银行
解释变量（LNGDP）	人均 GDP	寻求市场	正	主要	联合国贸易统计数据库

变量类型 （变量）	指标 选择	投资动机 （理论依据）	预期 符号	主要/ 控制变量	数据 来源
解释变量 （LNANTIDUM）	东道国反倾销 案件发起数量	跨越壁垒	正	主要	世界贸易组织 数据库
解释变量 （LNJOUR）	东道国科技期 刊文章数量	寻求技术 与管理	正	主要	世界银行
解释变量 （LNFINAN）	银行部门提供 的国内信贷 （占 GDP 的百 分比）	寻求金融 资本	正	主要	世界银行
解释变量 （LNINFL）	东道国通货 膨胀率	衡量各国市 场价格波 动情况	负	控制	世界银行
解释变量 （LNEXCH）	各国相对汇率 （以美元计价 的外币对人民 币汇率比）	衡量各国外 汇市场波 动情况	正	控制	国际货币基金组织

资料来源：作者整理。

二、样本国家的选定

出于样本可获得性考虑，本书选取 2000—2012 年中国对外直接投资 178 个东道国中投资存量前 100 名的 73 个投资东道国作为样本国家。中国对这 73 个东道国国家均连续三年进行直接投资，因此数据连续性基本可以得到保障。

从样本覆盖率看，样本国家吸收来自中国的对外直接存量占中国对外直接投资存量总额的 74.9%。从样本国家所属大洲区域来看，我们所选取的 73 个国家分布在全球，包括亚洲、非洲、欧洲、拉丁美洲、北美洲和大洋洲的国家（地区）。说明本研究所选用的样本国家覆盖面较大，具有较好的代表性。

为保证实证研究中拟对不同经济发展水平的国家进行分类回归的需要，我们将样本国家按照经济发展水平进行了归类，其中发达国家22 个，发展中国家 41 个，欠发达国家 10 个，如表 5.2 所示。

表 5.2　中国投资东道国 73 个样本国家的国家类型划分表

国家类型	人均国民收入
发达国家（22 个）	捷克共和国、美国、西班牙、法国、匈牙利、日本、意大利、爱尔兰、澳大利亚、加拿大、德国、丹麦、英国、波兰、荷兰、新西兰、新加坡、沙特阿拉伯、阿联酋、韩国、阿曼、瑞典
发展中国家（41 个）	阿根廷、厄瓜多尔、秘鲁、印度、南非、巴基斯坦、伊朗伊斯兰共和国、利比亚、智利、约旦、赞比亚、委内瑞拉玻利瓦尔共和国、阿尔及利亚、玻利维亚、墨西哥、博茨瓦纳、阿拉伯埃及共和国、阿塞拜疆、摩洛哥、巴西、蒙古、马来西亚、巴布亚新几内亚、菲律宾、俄罗斯联邦、苏里南、泰国、也门、苏丹、土耳其、越南、尼日利亚、刚果（布）、刚果（金）、加蓬、印度尼西亚、哈萨克斯坦、喀麦隆、安哥拉、科特迪瓦、罗马尼亚
欠发达国家（10 个）	缅甸、塞拉利昂、孟加拉国、马达加斯加、肯尼亚、乌干达、埃塞俄比亚、几内亚、莫桑比克、尼日尔

注：对于发达国家、发展中国家和低度开放国家的划分，目前尚无统一标准。以往采取人均GDP 指标进行分类的方式颇具争议。鉴于此，本书中对东道国类型划分将依据世界银行（2011）发布的世界发展指标中的人均收入来进行，其标准为：人均国民收入≥12196 美元的高收入国家为发达国家；人均国民收入为 995～12196 美元的中等收入国家为发展中国家；人均国民收入≤995美元的低收入国家为欠发达国家。

需要特殊说明的是，在我们的研究中，东道国的选择并不包括中国香港、英属维尔京群岛和开曼群岛三个避税地，尽管中国在上述三个地区的对外直接存量总额较大，但其很多统计数据我们都无法获取，并且很多研究在实证部分都排除了对上述地区的考虑（项本武，2009）。同时，中国在对英属维尔京群岛和开曼群岛投资时，通常这两个地区也并非最终的目的地（李佩璘，2010）。综上，研究排除对上述地区的考虑，对于整体研究结论的正确性不会有本影响。

第三节　模型设定与计量结果

一、研究方法和模型的建立

根据上述的理论分析，我们构建以下经济计量模型：

$$
\begin{aligned}
LNOFDI_{it} = {} & \alpha_i + \beta_1 LNMINE_{it} + \beta_2 LNGDP_{it} + \beta_3 LNANTIDUM_{it} \\
& + \beta_4 LNJOUR_{it} + \beta_5 LNFINAN_{it} + \beta_6 LNINFL_{it} \\
& + \beta_7 LNEXCH_{it} + \varepsilon_{it}
\end{aligned}
\tag{5.1}
$$

回归式（5.1）中，i 表示国别，t 表示时间，ε_{it} 表示误差项（满足经典假设条件）；$OFDI$ 代表中国对外直接投资流量；$MINE$ 变量代表东道国矿石和金属出口占商品出口的百分比，衡量一国资源供应；GDP 变量为人均 GDP[①]，衡量一国市场规模；$ANTIDUM$ 变量为各国发起反倾销案件数量，在此本文使用存量数据直接将反倾销数据进行逐年加总，即：

$$
ANTIDUM_{it} = \sum_{1995}^{t} AD_{it} , \quad (t = 2000, 2001, \cdots, 2010)
\tag{5.2}
$$

其中 t 代表年份，i 代表国家数据以充分考虑对以往反倾销案件数量的反映。$JOUR$ 变量代表各国科技期刊发表数量，用以衡量其技术与管理水平；$FINAN$ 变量代表各国银行部门提供国内信贷占 GDP 比，衡量东道国资金供给情况；$INFL$ 变量代表各国通货膨胀率，衡量东

---

① 本书选用按购买力平价（即 PPP）计算的 GDP。

道国市场价格波动对中国对外直接投资的影响；*EXCH* 变量代表各东道国对中国的相对汇率，用以衡量汇率波动对中国对外直接投资的影响。本章各变量均选取年度数据，为消除经济变量数据的时间趋势、异方差等问题，对所有变量均取对数后回归。结合中国对外直接投资决定因素的分析，重点关注系数 β_1、β_2、β_3、β_4、β_5，这是验证本研究结论的重要依据。

二、模型的稳健性解释

首先，从变量的选择看，本章所采用的计量模型变量选择不存在内生性问题。影响中国对外直接投资的诸因素是单向的，也就是东道国个体差异会影响中国对东道国的直接投资，反之不成立，本研究所涉及的变量不涉及因果倒置的问题。

其次，解释变量间不存在明显的多重共线性。本研究中所选取的变量为中国和各东道国的国别年度数据，表 5.3 中与变量 *LNOFDI* 相关系数最高的是 *LNFINAN*，相关系数仅为 0.3538，其他变量间的相关系数最高值为 0.6504，并且绝大部分系数通过显著性检验。由此可见，变量间独立性较好，可以在一定程度避免多重共线性问题的存在。

表 5.3　解释变量间相关系数矩阵

LNOFD	LNMIN	LNGDP	LNANTIDU	LNJOR	LNFINA	LNINFL	LNEXC	LNOFD
LNOFDI	1.000							
LNMINE	0.108**	1.000						
LNGDP	0.163***	−0.075*	1.000					
LNANTIDUM	0.139**	−0.080	0.361***	1.000				
LNJOR	0.354***	0.225***	0.697***	0.317***	1.000			
LNFINAN	0.242***	0.048	0.613***	0.216***	0.650***	1.000		
LNINFL	−0.016	0.004	−0.384***	−0.153***	−0.298***	−0.376***	1.000	
LNEXCH	−0.013	0.030	−0.415***	−0.195***	−0.222***	−0.310***	0.190***	1.000

注：***、**、*分别代表相关系数1%、5%、10%的显著水平。

此外，为精确起见，在计量回归前我们进一步考察了膨胀方差因子（Variance Inflation Factor, VIF），发现均小于 5，说明变量间基本不存在系统的多重共线性问题[①]。

三、计量结果与分析

本研究在实证部分的计量回归分析中，仅就研究问题自身特征出发选取固定效应模型估计，可以较好地控制不同东道国间无法观测的个体差异，更直接描述中国对各东道国投资的异质性，提高回归的准确性。为保证计量结果的稳定并区别中国对不同东道国类型的投资动因差异，采用分类回归方法。首先，根据计量模型公式（式5.1），将所有样本国家进行回归。在此基础上将东道国按上述标准分为发达国家、发展中国家、欠发达国家三种类型分别进行回归。需要指出的是，由于反倾销措施主要由发达国家发起，并且样本中欠发达国家尚无反倾销案件发起，故有关欠发达国家的回归式中不包含 *LNANTIDUM* 项。

（一）对所有样本国家的整体回归结果

表 5.4 显示了以中国对外直接投资流量（*LNOFDI*）为被解释变量的全部 73 个国家的个体固定效应面板数据模型回归结果，可以看出中国对外直接投资在寻求资源供应、寻求市场、跨越壁垒、寻求技术和管理技能、寻求金融资本等动机的强弱。本章首先选择主要解释变量进行回归（表5.4（1）列），为确保回归结果的稳健性，依次增加控制变量进行回归（表5.4（2）、（3）、（4）列）。从回归结果看，与本书理论分析的结论基本一致，具体分析如下：

---

① 膨胀方差因子（Variance Inflation Factor, VIF）：容忍度的倒数，VIF 越大，显示共线性越严重。根据计量经济学经验法则，如果最大膨胀方差因子 VIF=max{VIF1，VIF2，…，VIF10}≤10，则说明不存在系统的多重共线性问题。

表 5.4　模型 1（包含全部样本国家）估计结果

模型 变量	（1）模型 1-1 LNOFDI	（2）模型 1-2 LNOFDI	（3）模型 1-3 LNOFDI	（4）模型 1-4 LNOFDI
LNMINE	1.162**	1.245*	1.432**	1.487**
	(−2.03)	(−1.98)	(−2.28)	(−2.1)
LNGDP	10.33***	10.40***	13.14***	12.70***
	(−4.9)	(−4.3)	(−5.77)	(−4.7)
LNANTIDUM	1.247***	1.117**	0.403	0.357
	(−2.62)	(−2.08)	(−0.67)	(−0.49)
LNJOR	−0.897	−0.685	−1.337*	−1.31
	(−1.23)	(−0.83)	(−1.75)	(−1.44)
LNFINAN	0.554	0.292	0.19	0.237
	(−0.75)	(−0.37)	(−0.24)	(−0.26)
LNINFL		−0.362		−0.26
		(−1.52)		(−0.87)
LNEXCH			2.044	2.905*
			(−1.54)	(−1.72)
常数项	−94.46***	−95.25***	−112.4***	−108.4***
	(−5.05)	(−4.34)	(−5.75)	(−4.58)
可决系数	0.46	0.437	0.497	0.459
N	775	765	781	727

注：***、**、*分别代表 1%，5%，10%的显著水平；括号中的数值代表 t 统计量。

　　我们首先考察一国自然资源禀赋对中国对外直接投资的影响，其中 *LNMINE* 表示东道国矿产和金属资源的出口比重，衡量该国自然资源的丰裕程度。东道国自然资源丰裕度越高，出口占比越大，中国对其直接投资流量也应越大。从模型回归结果看，面板数据模型中 LNMINE 变量符号均为正并且显著。正如本书所分析的那样，中国对外直接投资动因中，寻求稳定的自然资源供应是一个主要的动因，并且东道国资源出口比重每提高 1%，中国对其对外直接投资将增加 1.16%。

LNGDP 变量用来衡量东道国市场规模，大部分中国企业的对外直接投资是以获取商业利益为目的的，因此东道国的市场规模就成为企业对外直接投资的又一动因。从回归结果看，LNGDP 变量全部在 0.1% 的显著水平上为正，说明中国对外直接投资在寻求市场规模上表现出较为强劲的需求。

LNANTIDUM 变量代表东道国发起的反倾销案件数量，与 LNOFDI 变量表现出显著的正向关系。反倾销案件数量代表东道国贸易壁垒屏障的高低，贸易壁垒保护作用越强，越容易引发对贸易壁垒跨越的行为，而对外直接投资是逾越贸易壁垒的较为彻底而有效的手段。根据回归结果，这一弹性值约为 1.25。结合本书分析，中国对外直接投资的动因相当程度上归因于贸易壁垒的跨越。

LNJOR 代表东道国科技期刊发表数量，依据本书相关分析预期符号应为正，但在（1）至（4）列这四个回归式中为均负，除模型（3）在 10% 水平下显著外，其余均不显著。可见该解释变量符号是不稳定的。尽管东道国较高的技术水平将吸引中国部分企业对其投资，但毕竟技术寻求模式对外直接投资所涉及的行业类型和企业规模以及数量较为有限，同时一些具有先进技术的东道国恰恰是对中国开展外商投资的来源国。国内企业也可以通过购买、许可、转让等渠道获得东道国专利发明、生产技术等无形资产，这意味着只有当企业通过其他渠道无法获得技术等无形资产或者所支付成本远高于对外直接投资时，企业才有可能选择对外直接投资。这也就解释了本书所提出的东道国较高的技术管理水平引致中国对外直接投资的理论假设与实证结论有偏差的原因。

LNFINAN 代表东道国银行部门的贷款占比，预期符号为正。计量回归结果虽不显著但符号与预期一致。对于中国企业尤其是民营企业而言，其对外直接投资更多受到来自东道国国家（或政府）金融支持的制约。企业投资资金的匮乏在很大程度上会影响其对外直接投资，进而改变投资决策。一些企业之所以开展海外投资，目的也是为了获取更多的海外融资。该变量表明东道国信贷资金的供给情况，符号显著为正，也有力地说明了其对中国对外直接投资的正向影响。

LNINFL 为控制变量，表示东道国通货膨胀率，尽管统计显著性较差，但符号为负，与预期一致，表明东道国物价水平越高，物价波动越频繁，越不利于中国企业的对外直接投资。

LNEXCH 同为控制变量，代表东道国与中国相对汇率比，与预期符号一致，并且表现出一定的显著性。该变量表明当东道国货币相对于人民币有较高的汇率时，意味着中国投资者更愿意持有外国资产，此时更易引发中国企业的对外直接投资。

（二）对不同性质东道国样本国家的回归结果

本书在实证研究部分还针对不同东道国类型，对分析结论进行进一步验证。通过采用与模型（式 5.1）相同的回归式，按国别类型分别进行回归。同样，为保证回归结果的稳健性，我们对每一类型国家分别进行两次回归，即仅针对主要变量回归和包含控制变量回归两组结果。实证检验结果见表 5.5，且分析如下：

在（1）列中，模型 2-1 和模型 2-2 仅针对样本中发达国家进行回归，回归结论与上述实证结论基本一致，中国对发达国家的对外直接投资突出表现在对市场规模的寻求和金融资本寻求上，但对自然资源寻求和技术寻求不显著。我们对比 *LNGDP* 项，不难发现在表 5.4 中系数最高值为 13.14，表 5.5 中为 19.91，后者系数更大表明中国对外直接投资对发达国家的市场规模反应更加敏感。此外，在相对汇率指标上也有明显的显著性，说明中国对发达国家的对外直接投资在很大程度上受到相对汇率的影响，往往东道国汇率越坚挺，越刺激中国企业对其投资。

第（2）列中模型 3-1 和模型 3-2 显示对样本中发展中国家的回归结果，实证结果表明：对发展中国家的直接投资主要表现出对自然资源的寻求和对市场规模的寻求上，并未表现出对技术、金融资本的寻求，但对于相对汇率依旧表现出较强的正向相关性。从国家类型划分看，样本国家多为自然矿产资源禀赋相对丰裕的国家，因此开展的对外直接投资将倾向于对其自然资源的获取。此外，随着经济全球化的进一步深化，发展中国家日益成为世界经济的重要力量，其市场占领不容忽视，从回归结果我们可以看到，与发达国家和欠发达国家相比，发展中国家 *LNGDP* 变量回归系数最大，充分体现其对中国对外直接投资总量具有最强的影响力，因此，国家市场规模影响着中国企业的对外直接投资模式。

模型 4-1 和模型 4-2 是对欠发达国家进行的单独回归。回归结论表明中国欠发达国家的投资有一定的市场寻求动机，但是资源寻求、技术寻求和资本寻求都不显著。究其原因，可能是由于这部分国家多为非洲地区国家，中国对上述国家的投资有较强的政策性。尤其对于相当一部分的非洲国家大多具有援助性质，这些因素我们无法在本模型中予以充分体现，这一问题可留待进一步研究后予以确认。

表 5.5 不同类型东道国估计结果

模型 变量	（1）发达国家		（2）发展中国家		（3）欠发达国家	
	模型 2-1 LNOFDI	模型 2-2 LNOFDI	模型 3-1 LNOFDI	模型 3-2 LNOFDI	模型 4-1 LNOFDI	模型 4-2 LNOFDI
LNMINE	0.491	1.524	1.512^{**}	1.683^{**}	−0.382	−0.955
	（−0.51）	−（1.04）	（−2.28）	（−2.2）	（−0.58）	（−1.40）
LNGDP	3.504	19.91**	14.18^{***}	12.85^{***}	14.67^{**}	9.875
	（−0.77）	（−2.25）	（−5.94）	（−4.67）	（−2.49）	（−1.69）
LNANTIDUM	1.468**	−1.134	−0.171	−0.238	—	—

续表

模型变量	(1) 发达国家		(2) 发展中国家		(3) 欠发达国家	
	模型 2-1 LNOFDI	模型 2-2 LNOFDI	模型 3-1 LNOFDI	模型 3-2 LNOFDI	模型 4-1 LNOFDI	模型 4-2 LNOFDI
LNJOR	(−2.18)	(−0.74)	(−0.23)	(−0.27)	—	—
	−1.76	−4.892*	−0.415	−0.0426	0.197	0.399
	(-0.86)	(−1.72)	(−0.55)	(−0.04)	(−0.35)	(−0.73)
LNFINAN	3.932**	2.82	−0.471	−0.621	−0.161	0.755
	(−2.64)	(−0.89)	(−0.60)	(−0.70)	(−0.06)	(−0.24)
LNINFL		−0.158		−0.476		−0.319
		(−0.34)		(−1.11)		(−0.37)
LNEXCH		7.690*		0.529		9.444*
		(−1.97)		(−0.27)		(−2.00)
常数项	−40.35	−166.9*	−116.1***	−105.0***	−95.02**	−89.68**
	(−1.01)	(−2.26)	(−5.83)	(−4.41)	(−2.33)	(−2.32)
可决系数	0.386	0.391	0.625	0.607	0.33	0.512
N	189	164	94	71	112	108

注：***、**、*分别代表 1%、5%、10%的显著水平；括号中的数值代表 t 统计量。

第四节　本章小结

本章研究建立在 2000 年党的十五届五中全会上正式明确提出"走出去"战略以来对中国企业对外直接投资模式的分析上，重点关注中国企业对外直接投资动因理论模式及其影响程度并对其予以验证。本研究创新地从投资战略和对不同性质东道国投资动机的角度，分析并提出对不同的东道国类型应采取的对外直接投资模式，并对中国今后对外直接投资发展提出如下建议：

首先，依据传统 FDI 理论，企业开展对外直接投资的动机与东道国自然资源禀赋、市场规模、技术与管理水平和资本供给等有着直接关系。通过实证研究，我们注意到中国对外直接投资除受到上述因素影响外，东道国贸易壁垒也是一个重要的影响因素。因此，中国以跨越贸易壁垒为目的的对外直接投资占有相当比重，尤其对发达国家直接投资的动机极为明显。

其次，就对外直接投资的技术寻求动机来看，研究发现中国企业寻求技术和管理经验的对外直接投资模式并不显著。由于寻求技术和管理经验的对外直接投资模式能够产生对投资母国的逆向技术溢出效应，因此，应当鼓励企业开展以寻求技术为目的的对外直接投资，特别是采取与具有较高和最新技术的公司开展合资合作，通过对外直接投资充分利用东道国当地的人力资本，雇用高水平工程师、科研人员，购买东道国生产设备，这样才有可能真正直接获取和吸收先进技术和管理技能。尤其应充分发挥对发达国家的投资，从而为中国本土企业的技术升级改造发挥作用。就具体方式而言，企业可通过兼并、并购、合作等形式，实现对外部先进技术经验的获取。国家也可有针对性地对这类投资模式给予更优惠的政策，如与东道国签署有关投资协议、为企业提供商业信用保险和信贷资金支持等，以帮助企业顺利开展对外直接投资。

最后，寻求资源模式的对外直接投资能充分利用东道国自然资源禀赋优势，为中国经济建设提供资源保障。总结各国对外直接投资所采取的有效做法，如发展"资源外交"和利用"经济援助"等方式丰富中国对外直接投资模式。通过设立专门政策性机构，建立信息咨询系统等为中国企业海外投资提供政策咨询和信息服务，促进企业开展寻求自然资源模式的海外投资战略。

总之，当前中国"走出去"战略的实施表现在对外直接投资总额快速增长、投资规模不断扩大、投资区位选择多样以及投资模式丰富等方面。与起源于发达国家传统的对外直接投资理论和跨国公司理论相比，发展中国家的对外直接投资动因有着自身的特征。而中国作为发展中国家的典型代表，分析对外直接投资动因特征及模式显得尤为重要。本章通过探讨企业在不同时期、针对不同东道国的直接投资动因，结合企业对外直接投资的经验，分析企业对外直接投资模式选择，期望能够为政府制定有效的对外直接投资政策提供一定的理论依据。

第六章　中国对外直接投资决定因素的
实证检验：基于母国角度

从母国角度研究对外直接投资的决定因素比较有利于从中国自身出发展开问题研究。以往研究大多同时考虑东道国和母国的情况，但是这种研究的母国因素就直接成为实证检验过程面板数据中的截面数据，对于研究结论实质的贡献作用不大。因此本章采取分类研究的方法，以实现从东道国和母国角度分别对中国对外直接投资进行深入研究。本章我们将从宏观和微观两个层面展开分析。在宏观层面，由于缺乏数据，在进行数据筛选时，尚存在时间序列数据较少、分析的因素多集中于宏观因素等问题。鉴于此，本章的研究建立在第四章的理论框架基础上，即中国的 OFDI 受到母国经济发展水平、企业技术水平、能源消耗情况、利用外资情况、进出口贸易、经济开放程度、劳动力成本、庞大的外汇储备以及人民币汇率等决定因素的影响，结合中国对外直接投资特质与实践提出相关假设，并构建相关经济计量模型，最后对实证结果展开分析和论证，以验证先前假设的正确性。在微观层面，从企业异质性理论角度出发，基于第四章扩展的 Helpman（2004）理论模型，提出企业层面对外直接投资的决定因素假设，并在此基础上开展实证检验。

第一节　宏观层面

一、变量的选取与假设

（一）中国的经济发展水平

母国经济发展水平的替代变量为中国 GDP 总量。根据前文中国对外直接投资规模受中国经济发展规模水平的影响的论述，本章提出假设：中国对外直接投资与中国 GDP 呈正相关。

（二）中国企业技术水平

本章推断假设中国对外直接投资与自身企业技术水平存在相关性，但这一结论可能存在争议。我们认为，存在争议的主要原因可能在于以下两个方面：其一，年度数据选取的问题。在不同的历史时期，中国对外直接投资的动机可能存在差异。改革开放初期，中国企业的生产能力、技术水平和管理水平确实不高，当时相当一部分的对外直接投资是源自政府的鼓励政策，以及出于对国外技术资产的寻求。伴随着中国综合国力的不断提高，尤其是近年来企业自主研发能力的增强，部分企业的对外直接投资恰恰可能拥有技术比较优势。其二，投资企业所属区划的问题。虽然近年来中国经济发展较为迅猛，但受到中国区域发展为导向的市场经济模式影响，改革开放初期，中国执行"允许一部分人先富起来"的政策，在东部沿海地区设立特区、沿海开放城市以及沿海经济开发区等，使中国东部沿海城市率先获得经济上的快速发展，其经济发展水平远远高于国内其他地区[①]。代中强（2009）利用中国的长三角、珠三角、环渤海三个地区共九个省市的数据进行实证分析，证明了上述地区的技术优势是其开展对外直接投资的重要

---

① 张幼文. 我国外贸依存度提高的影响与对策[J]. 国际贸易问题，2004（08）：5-11.

决定因素。因此，地区发展的不平衡也会影响整体的实证结论。

企业技术水平的替代变量为中国"国内发明专利申请授权量"。根据中国《专利法》的规定，可以获得专利保护的发明创造有发明、实用新型和外观设计三种，其中发明专利是最主要的一种。在本章中，我们所选择的国内发明专利申请授权量同时涵盖了技术水平相对较高的发明专利指标和技术水平相对较低的实用新型与外观设计指标，从指标选取范围看，基本能够代表中国企业的技术水平。故本章假设：中国对外直接投资与中国国内发明专利申请授权量呈正相关。

（三）中国的能源消费水平

本章采用世界银行的能源使用量指标作为衡量能源消耗情况的代表变量。根据世界银行（2012）的解释，能源使用量是指初级能源在转化为其他最终用途的燃料之前的使用量，等于国内产量加上进口量和存量变化，再减去出口量和供给从事国际运输的船舶和飞机的燃料用量所得的值。同时提出假设：中国对外直接投资与能源使用量呈正相关。

（四）中国外资利用情况

对于中国利用外资情况的衡量，我们使用代表变量外国直接投资净流入来进行实证检验。这里的外国直接投资是指投资者为获得在另一经济体中运作的企业永久性管理权益（10%以上表决权）所做的投资的净流入，数据按现价美元计算，并假设：中国对外直接投资与外国直接投资净流入呈正相关。

（五）中国进出口贸易情况

有关进出口贸易情况，本章使用各年度中国进出口贸易总额来进行测度。由于进出口贸易对对外直接投资的影响既可能是替代效应，又可能是互补效应，因此提出假设：中国对外直接投资与进出口贸易总额的相关性不确定。

（六）中国的劳动力成本

测度劳动力成本的变量为人均国民收入（以 2000 年不变价格为基

础计算），在此我们使用世界银行各年度人均国民收入指标的统计数据进行模型回归，并假设：中国对外直接投资与人均国民收入水平呈正相关。

（七）中国的经济开放程度

母国经济开放程度在大多数实证研究中一般以一国对外贸易依存度来衡量，因为该指标既反映一国对于国际市场的依赖情况，还可以反映一国经济开放程度[①]。本章使用中国对外贸易依存度，即进出口贸易总额占 GDP 比重这一指标来开展实证检验，并假设：较高的贸易依存度水平将促进中国的对外直接投资。

（八）中国外汇储备情况与汇率水平

我们使用中国国家外汇管理局所公布的历年中国外汇储备额以及人民币兑换美元的比例值作为回归指标，其中汇率使用国际通用的直接标价法，并提出如下两个假设：即中国对外直接投资与中国外汇储备规模呈正相关；中国对外直接投资与人民币汇率水平相关，即人民币升值，对外直接投资规模加大。

二、数据来源

主要的对象仍旧为中国企业的对外直接投资，我们对于该数据的选取原则与第五章中的数据选用原则相似，但区别在于，由于本章数据年度跨越较大（1990—2012 年），因此对于对外直接投资流量数据，我们参考两处数据来源：1990—2002 年的对外直接投资流量数据来自联合国贸发会议（UNCTAD）数据库和历年《中国对外经济统计年鉴》，2003—2012 年度数据来自各年度《中国对外直接投资统计公报》。各衡量变量指标、数据来源以及预期符号等详细信息参见表 6.1。

[①] Buckley P. J, Jeremy Clegg, Adam R. Cross . The determinants of Chinese outward foreign direct investment[J]. Journal of International Business Studies, 2007, 38(4): 499-518.

表 6.1　对外直接投资母国决定因素各变量解释和数据来源

变量类型 （变量）	指标 选择	投资动机 （理论依据）	预期 符号	主要/控 制变量	数据来源
被解释变量 （LNOFDI）	中国每年对东 道国非金融类 OFDI 流量	—	—	—	联合国贸发 会议 《中国对外直 接投资统计 公报》
解释变量 （LNGDP）	中国各年度 GDP 总量（2000 年不变价格）	母国经济发 展水平	正	主要	世界银行
解释变量 （LNPAT）	国内发明专利 申请授权量	企业技术 水平	正	主要	中国经济 统计数据库
解释变量 （LNENER）	能源使用量	能源消耗 情况	正	主要	世界银行
解释变量 （LNFDI）	外国直接投资 净流入	中国利用 外资情况	正	主要	世界银行
解释变量 （LNEXPIMP）	中国进出口 贸易总额	进出口贸易 情况	?	主要	中国经济 统计数据库
解释变量 （LNPGNP）	人均国民收入 水平	劳动力成本	负	主要	世界银行
解释变量 （LNTRADE）	对外贸易 依存度	母国经济开 放程度	正	主要	中国经济 统计数据库
解释变量 （LNEXCHRES）	外汇储备	外汇储备 规模	正	主要	中国国家 外汇管理局 /IMF
解释变量 （LNEXCHRATE）	人民币兑美元 汇率	人民币汇率 水平	正	主要	中国国家 外汇管理局/ IMF

资料来源：作者整理。

三、模型设定

（一）研究方法和模型的建立

从前述理论分析，我们可知一国对外直接投资的决定因素既包括来自东道国的影响因素，也包括来自母国自身的影响因素。在本节，我们将考察来自中国（作为投资母国）自身的影响因素对中国对外直接投资的影响。结合上述内容，本书初步设立了如下经济计量模型：

$$LNOFDI_t = \alpha + \beta_1 LNGDP_t + \beta_2 LNPAT_t + \beta_3 LNENER_t + \beta_4 LNFDI_t$$
$$+ \beta_5 LNEXPIMP_t + \beta_6 LNPGNP_t + \beta_7 LNTRADE_t \qquad (6.1)$$
$$+ \beta_8 LNEXCHRES_t + \beta_9 LNEXCHRATE_t + \varepsilon_t$$

其中，下标 t 表示时间，ε_t 表示误差项（满足经典假设条件）；$LNOFDI$ 代表中国各年度对外直接投资流量；$LNGDP$ 代表中国 GDP 总量；$LNPAT$ 代表中国各年度国内发明专利申请授权量；$LNENER$ 代表年能源使用量；$LNFDI$ 代表各年中国外国直接投资净流入 $LNEXPIMP$ 代表中国进出口贸易总额；$LNGNP$ 代表各年度中国人均国民收入水平；$LNTRADE$ 代表中国对外贸易依存度；$LNEXCHRES$ 代表中国外汇储备规模；$LNEXCHRATE$ 代表直接标价法下的人民币兑换美元汇率。本章各变量均选取年度数据，并重点关注系数 β_1、β_2、β_3、β_4、β_5、β_6、β_7、β_8、β_9，它们是验证本书结论的重要依据。

（二）回归方法的解释

现有关于对外直接投资决定因素的实证研究中，采用了不同的变量选择与模型设定，但无论使用何种变量和模型，计量方法上大都采用最小二乘法（OLS）方法进行回归。本章参考张新乐（2007）、赵美英、李春顶（2009）以及李佩璘（2010）等人的方法，结合本书的实际情况需要，同样采取经典的 OLS 方法应用于实证检验部分。受到数据可获得性限制，本章所选取的数据更新至 2012 年。

　　此外，由于宏观数据往往具有时间趋势和异方差性，为克服这一问题，我们将所有变量数据取对数研究，以保证在不改变数据性质和关系的基础上，尽可能消除异方差问题。同时取对数后，解释变量系数将具有弹性的含义。

四、计量结果与分析

　　根据前文所述，我们使用 OLS 方法，并借助 Eviews 7.0 计量软件进行回归，模拟中国对外直接投资的母国决定因素，Eviews 回归及模拟结果详见表 6.2。从表 6.2 的回归结果来看，只有两个变量的 t 统计量值不显著，其余各统计量均通过检验，模型调整后的可决系数为 $R^2 = 0.988$，拟合优度较好，说明从总体上看，回归方程拟合程度较好。Eviews 回归结果中报告的 F 统计量概率即 Prob（F-statistic）值为 0，小于 0.05，表明在 95% 的置信水平下模型总体是显著的。因此，从回归结果总体看，回归结果基本可以说明和解释中国对外直接投资的母国决定因素。

表 6.2　回归系数显著性的 Eviews 回归结果

Dependent Variable: 对外直接投资				
Method: Least Squares				
Date: 02/12/14　　Time: 11:07				
Sample: 1990 2012				
Included observations: 23				
常数和解释变量	参数估计值	参数标准差	T 统计值	双侧概率
C	266.0531	11744.58	2.265327	0.0428
LNGDP	0.972666	0.268495	3.622658	0.0035
LNPAT	1.532267	0.452134	−3.38897	0.0054
LNENER	3.828261	21.35587	−1.7926	0.0983
LNFDI	2.31E-07	9.60E-08	−2.40388	0.0333
LNEXPIMP	−0.052794	0.236222	−0.22349	0.8269
LNPGNP	−1.98076	71.54858	−2.76841	0.017

常数和解释变量	参数估计值	参数标准差	T统计值	双侧概率
LNTRADE	8.773513	401.7669	2.183732	0.0496
LNEXCHRES	8.368705	2.526346	3.312573	0.0062
LNEXCHRATE	4.222527	1572.028	0.268604	0.7928
R-squared	0.993478	Mean dependent var		19215.48
Adjusted R-squared	0.988043	S.D. dependent var		27543.51
S.E. of regression	3011.881	Akaike info criterion		19.16445
Sum squared resid	1.09E+08	Schwarz criterion		19.70751
Log likelihood	−209.3912	Hannan-Quinn criter.		19.30103
F-statistic	182.7863	Durbin-Watson stat		2.381238
Prob（F-statistic）	0			

根据表 6.2 中的回归结果，我们可以看到，除进出口贸易额和人均国民收入系数为负值以外，其余回归系数均为正值。这说明中国的进出口贸易额以及人均国民收入与中国对外直接投资规模均呈负相关关系，而 GDP 总量、国内发明专利申请授权量、能源使用量、外国直接投资净流入、对外贸易依存度、外汇储备和人民币兑美元汇率等呈正相关。实证结果表明上述经济因素都属于影响中国对外直接投资的决定因素，具体分析如下：

$LNGDP$ 的回归系数为 0.9727，表明以 GDP 总量为代表的中国经济规模对中国对直接投资有显著的正向影响，与假设 1 一致，且 GDP 每增长 1%，对外直接投资则增长 0.97%。

$LNPAT$ 代表中国国内发明专利申请授权量，回归系数为 1.5323，表明国内申请发明专利数量每增加 1 个百分点，则相应的对外直接投资将增长 1.5323 个百分点。与前述所提出的假设 2 相一致，技术水平的提升会显著促进中国企业的对外直接投资。

$LNENER$ 代表的能源使用量每增加 1 个百分点，对外直接投资增长 3.8283 个百分点，两者间具有较高的正相关关系。这与近年来中国能源需求高速增长，推动了中国企业到国外自然资源禀赋丰富区域开展投资项目是相符的。根据 2012 年《中国对外直接投资统计公报》数据显示，2012 年末对外直接投资存量排名前三位的非金融类跨国公司分别是中国石油化工集团公司、中国石油天然气集团公司和中国海洋石油总公司，它们全部为能源类企业，而在投资存量排名前 50 位的企业中，资源开发类企业共有 18 家，占比 36%。可见，中国国内的能源需求推动了中国企业的对外直接投资。

LNFDI 代表外国直接投资净流入，尽管系数数值较小，但其回归系数为正，表明外资流入与中国对外直接投资存在着正向关系，这与先前的假设也是相符合的。回归系数为正主要可以从以下两方面进行解释：首先，在引进外资的过程中的确为中国本土企业带来了"示范效应"，在提升本土企业技术、管理水平的同时，企业的综合竞争力也得到提高，为企业开展"走出去"提供重要的经验准备和技术支持。其次，引入外资也加剧了中国国内的市场竞争，使国内投资环境变得更加复杂，从而对本土企业在国内开展投资产生的一定的"挤出效应"。综上，外资流入对中国企业的对外直接投资具有促进作用。

LNEXPIMP 代表进出口贸易总额，回归系数为-0.0528，表明中国的外贸总额每增加 1%，对外直接投资将下降 0.0528%，即二者呈负相关关系。但需要注意的是，该回归系数的统计概率没有通过检验，说明该指标的统计显著性有待商榷。再次说明了，一般而言，一国进出口贸易总额对于其对外直接投资的影响是不确定的，但从中国实际的回归结果看，可能替代效应表现得更为突出。

LNGNP 代表人均国民收入，其回归系数为-1.9808，说明中国的劳动力成本与对外直接投资存在显著的负相关，且弹性系数为-1.9808。该回归结果表明劳动力成本的上涨会促进中国企业开展对外直接投资的结论。

LNTRADE 对外贸易依存度的回归系数为 8.7735，与之前的假设一致，说明中国当前较高的贸易依存度对于开展对外直接投资具有显

著的促进作用，且国际贸易对企业对外投资的促进作用还比较强，弹性值较高。

LNEXCHRES 所代表的外汇储备回归系数为 8.368705，表明外汇储备与对外直接投资之间存在正向关系。可见中国鼓励企业开展对外直接投资，依托外汇储备的迅速增长，中国庞大的外汇储备为对外直接投资提供了有力的资金保障，保证"走出去"战略得以进一步开展。

LNEXCHRATE 代表直接标价法下的人民币兑换美元汇率，其回归系数为 4.2225，表明其结论与上述假设不一致，但需要我们注意的是，虽然回归系数为正，但却不显著。因此该指标的结论不具有太大的参考价值。

综合以上实证研究结论，我们可以看到，中国的对外直接投资受到 GDP、人均国民收入、进出口贸易额、对外贸易依存度、汇率水平以及企业技术水平等传统经济因素的影响，此外还受到能源需求的高度影响。这与中国近年来高度重视经济发展，且伴随着经济的快速发展，对资源的需求也持续增加的背景是相符合的。此外，中国的对外直接投资具有一定的政府推动模式特征，从投资企业主体来看，尽管在实施"走出去"战略以来，大量具有比较优势的企业开展对外直接投资，但这些企业仍以国有企业为主要力量。近年来，随着中国鼓励各种类型企业加快对外直接投资，非国有类型企业的对外直接投资有了较大的发展。根据 2012 年度《中国对外直接投资统计公报》中"中国 2012 年末境内投资者按等级注册类型构成图"显示，2012 年中国对外直接投资企业中国有企业比重为 9.1%，而在 2008 年这一比重为 69.6%。可见政府的政策鼓励在"走出去"战略刚刚实施开始的几年中还是发挥着重要作用的，而后政府的政策导向开始逐渐淡化，以企业动机为主的投资开始逐渐成为主流。

第二节　微观层面

当前基于微观视角对中国对外直接投资的研究已经开始出现，李泳（2009）利用中国商务部样本企业数据库和中国上市公司数据库，选取 1996—2006 年共 850 个跨国公司的 1206 个样本，从企业层面考察对外直接投资对企业产出增长和技术进步的影响。陈琳和林珏（2009）利用世界银行调查的 1999—2002 年 1566 家中国制造业企业面板数据，分析了直接投资对中国制造业企业的技术溢出效应。张建红等（2010）利用汤姆森金融公司数据库对 1324 个中国企业海外收购成败的影响因素开展实证分析。Wang 等（2012）将中国商务部海外投资活动信息结合《中国工业企业数据库》，对 2006—2007 年中国海外投资决定因素开展分析。田巍和余淼杰（2012）采用浙江省制造业企业生产和对外直接投资的企业层面数据，考察了企业生产率与直接对外投资的关系。葛顺奇、罗伟（2013）利用中国商务部《境外投资企业（机构）名录》和《中国工业企业数据库》合并的数据集，选取 2007年数据分析考察了中国制造业企业的母公司竞争优势对企业对外直接投资决策的影响程度。

本节采用与田巍和余淼杰（2012）以及葛顺奇和罗伟（2013）相似的分析方法，考察中国开展对外直接投资活动中企业层面的微观决定因素。依据 Helpman（2004）中理论模型的预测，具有较高生产率的企业在出口和对外直接投资之间将更加倾向于选择开展对外直接投资，而生产率较低的企业则不会。但是需要我们注意的是，对于类似中国的转型经济国家，实际情况可能与之相悖，即相当一部分的企业因为国家经济战略导向或者政策性垄断等原因，在即使尚不具备较高的生产率水平时就已经开始了对外直接投资[1]，例如改革开放初期的国有企业所开展的对外直接投资就是如此。因此，在开展实证检验时，也许会出现低生产率企业同样开展对外投资的现象。本书旨在从以下四方面展开：首先，生产率是否会影响企业的投资决策；其次，是否生产率越高的企业，越倾向于开展直接投资；再次，除生产率外，影响企业开展对外直接投资决策的因素还有哪些；最后，是否存在低生产率企业同样开展对外投资的现象。

一、数据说明

由于当前企业层面的对外直接投资统计数据尚未公开，因此获取这一数据的难度非常大。目前能够取得企业层面数据最便捷的方式只能是借助于上市公司数据库，但上市公司中开展对外直接投资的企业占中国企业总量的比重还不足 1/3，因而也只好放弃这一途径。我们能够使用的微观数据只能通过非常有限的方式获得。同样，获取本节实证检验部分的数据也是一项较为庞大的工作。余淼杰和徐静（2011）以及田巍和余淼杰（2012）的实证部分数据虽然包括了投资规模，但也仅局限于浙江省数据，而其他的研究如王方方（2012）则使用的是广东省调研数据。

本部分内容的研究主要基于两套数据，一是中国国家统计局的《中国工业企业数据库》，该数据库包括了中国大陆地区销售额在 500 万元人民币以上规模的大中型制造企业，具体包括国有企业、集体企业、股份合作企业、联营企业、有限责任公司、股份有限公司、私营企业、港澳台商投资企业、外商投资企业等多种所有权类型企业。目前收录了中国超过 43 万家企业，占中国工业总产值的 90%左右，涵盖中国工业制造业的四十多个大产业，九十多个种类、六百多个子行业。同时，这套数据库的统计指标较为丰富，统计范围比较全面，包括了企

---

① Globerman S, Shapiro D. M. Outward FDI and the economic performance of emerging markets[J]. Center for International Business, 2009, 12: 229-271.

业所在位置、所属行业、员工构成情况、经营项目、企业固定资产等资本构成、主要财务信息、出口情况、盈利情况等百余个统计指标。尽管该套数据库资料十分丰富，但却未涵盖有关企业对外直接投资的任何信息，因此我们需要借助另一套数据来完善这一部分。第二套数据是《中国境外投资企业（机构）名录》（在下文中简称《名录》）。《名录》中涵盖了中国自 1983 年开始至今的中国企业境外投资信息，主要包括：东道国国家（地区）、境内投资主体、所属省市、境外投资企业（机构）、经营范围、核准日期等相关信息。尚有不足的是《名录》中只列明开展对外投资的企业名称，而有关具体的投资规模并未涉及，但这并不能影响我们的研究结论。

具体而言，我们参考葛顺奇和罗伟（2013）的实证研究，将《名录》中企业名称与相应的《中国工业企业数据库》中的企业进行横向合并，进而组成一个新的数据集，本章将选取 2008 年度的《中国工业企业数据库》匹配，进而完成计量部分的回归分析。表 6.3 为各年度《中国对外直接投资统计公报》（以下简称《公报》）中的中国对外直接投资企业数目与《名录》中涵盖企业数目对比数据。从表 6.3 中我们可以看到，尽管各年度《公报》中的样本企业数量与《名录》中样本企业数量存在一定差距，但通过研究《名录》中企业数据可发现，每年进入和退出的对外直接投资企业较多，如果考虑该因素，那么《名录》中企业数目较少应当是符合实际情况的。

表 6.3　中国对外投资企业与境外投资企业数目情况对比

年份	境内投资主体		境外企业数		制造业企业占比
	《公报》	《名录》	《公报》	《名录》	
2003	1975	57	3439	83	—
2004	2965	209	5163	229	59.00%
2005	4021	950	6424	976	55.00%
2006	5000[*]	1194	10000[*]	1218	53.40%
2007	7000[*]	1042	10000[*]	1368	45.50%

年份	境内投资主体		境外企业数		制造业企业占比
	《公报》	《名录》	《公报》	《名录》	
2008	8557	1522	12000*	1820	42.70%
2009	12072	1970	13000*	2776	31.90%
2010	13000*	2581	16107	3683	35.80%
2011	13462	3042	17951	5139	42.70%
2012	16000*	3876	15994	5571	37.80%
2013	—	—	—	3709	—

注：（1）数据中标注"*"的表示当年度《公报》中所提及的近似数据。（2）《名录》数据来自中国商务部网站。（3）表格最后一列数据源自《公报》中制造业企业占投资主体数的比例。（4）在获取《名录》数据过程中我们发现，商务部网站每日会对该《名录》数据进行更新，因此我们的统计数据采集截至 2012 年 12 月 31 日。

关于《中国工业企业数据库》，尽管其统计指标较多，但由于个别企业所提供的信息不够准确，故数据库中部分样本企业数据可能存在偏差[①]。为保证样本数据的准确性，我们借鉴谢千里等（2008）、余淼杰（2011）、葛顺奇（2013）的方法，根据一般会计准则（GAAP）采用如下原则剔除异常样本企业：①缺少主要财务指标信息（如企业总资产、固定资产、销售额和工业总产值）的样本；②员工人数在 20 人（含 20 人）以下的企业；③总资产小于或等于零的企业；④流动资产大于总资产的企业；⑤总固定资产大于总资产的企业；⑥成立时间为 12 月以后或 1 月以前的企业；⑦企业名称重复的企业。经过上述原则对数据进行筛选处理后，我们最后保留 380543 家制造业企业。将《名录》与《中国工业企业数据库》合并后，得到的数据集中有共计 5601 家对外直接投资企业，其中 2008 年以前获得审批资格有 1754 家，占 2008 年 3653 家（8557×42.7%）制造业企业的 48.0%（1754/3653）。如果考虑对外直接投资企业的进入与退出，则需对比《公报》与《名录》中的统计，在《公报》中 2008 年参与对外直接投资的企业为 8557

① 例如，数据库中存在一些家族企业，由于没有建立正规的会计系统，因而其会计报表的计量单位往往与规范不同（例如：规范要求以"千元"为单位，而它们以"元"为单位）。

家，而《名录》中 2008 年以前（含 2008 年）的投资企业为 5941 家（其中 2008 年为 1820 家），假设制造业企业与其他行业的存活率相同，则存活下来的 2008 年以前获得审批的制造业企业约为 2537 家（5941×42.7%），《名录》中合并成功的数据占比为 69.1%（1754/2537），考虑到《中国工业企业数据库》中所涉及的样本企业为年主营业务收入为 500 万元及以上的全部国有和非国有工业法人企业，我们所得到合并数据集的成功率还是较为可观的。

在数据合并中我们注意到，基于本章样本（2008 年度），共 1754 家制造业企业开展对外直接投资，仅占全部工业企业的 0.46%（1754/380543）。2008 年度全部对外直接投资企业共计 1820 家，其中仅有一个分支机构的企业有 1522 家，拥有 10 个以上分支机构的企业仅 3 家，平均每家对外直接投资企业拥有 1.2 家境外企业。可见在中国 500 万元及以上规模的工业企业中，从事对外直接投资在制造业企业较少，企业的国际化程度还有很大的提升空间。从企业对外直接投资所选择的东道国来看，向发达国家（地区）投资的有 1109 家，向发展中国家（地区）投资的有 665 家，向欠发达国家（地区）投资的有 46 家。从数据看，60.9%的中国对外直接投资主要倾向于经济发展水平较快、收入水平较高的发达国家（地区）。

二、企业开展对外直接投资决策的决定因素

在开展计量分析之前，我们有必要先行讨论企业开展对外直接投资的决定是否与其生产效率、劳动力、资本等相关因素有关。根据前文理论模型部分的分析以及 Helpman（2004）的研究，我们预测生产率较高的企业将更倾向于开展对外直接投资，而生产效率低的企业可能不会选择对外直接投资。但是，还存在两个问题需要我们予以明确和验证：一是企业开展对外直接投资是因为具有了高生产率还是随着投资积累经验而逐步提高了生产率；二是在中国是否会出现低效率的生产企业也同时向国外开展投资。

　　表 6.4 显示了对外直接投资企业与非对外直接投资企业在生产效率、劳动力、资本这三个变量的均值检验结果。根据表 6.4 我们可以看到，相对于非对外直接投资企业而言，对外投资企业拥有着较高的生产效率、更多的劳动力以及更充裕的资本。这与先前我们的理论模型部分的推导结论是一致的。

　　更进一步地，表 6.5 和表 6.6 分别显示了首次开展对外直接投资企业与尚未开展对外直接投资的企业以及非首次开展对外直接投资企业与首次开展对外直接投资的企业在生产效率、劳动力以及资本三个变量的均值检验结果。其中，首次开展对外直接投资企业，我们选取的是在 2008 年第一次开展投资的企业，而对于非首次对外直接投资企业，则选择在 2008 年以前就已经开展了对外直接投资的企业。从表 6.5 中我们注意到，无论在生产率、劳动力还是资本等方面，尚未开展对外直接投资的企业均表现出低于首次开展对外直接投资企业的水平。但是根据表 6.6，我们并没有发现非首次对外直接投资企业表现出优于首次开展对外直接投资企业的优势。根据我们之前的分析与假设，企业开展对外直接投资所拥有的生产率可能通过投资实践进行积累和提升，即为企业带来学习效应和反向溢出效应。但是表 6.5 和 6.6 则说明了这样一个事实：如果企业的对外直接投资具有学习效应，那么多次参与对外直接投资的企业、首次开展对外直接投资企业以及未开展对外直接投资企业，它们的生产率应当呈递减的趋势，可是事实数据表明，这一递减趋势并不存在。由此，我们可以初步判断，多次的对外直接投资并不一定会为企业带来学习效应和反向溢出效应。与 Helpman（2004）的结论一致，开展对外直接投资企业所具有的较高生产率并非是随着投资积累经验而逐步提高的，而是一种先决优势[①]。

---

　　① 我们的判断是基于 2008 年样本数据而来，并未考虑时间因素，如果考虑了时间因素，则可能存在相悖结论。关于这一部分的深入与展开，并非本研究所探讨内容，因此暂不涉及，但它可以作为我们今后研究的课题。

表 6.4　对外直接投资企业与非对外直接投资企业生产率、劳动力和资本的均值检验

	生产率	劳动力	资本	样本数量
对外直接投资企业	675.5878	1526.834	196.7965	1754
非对外直接投资企业	531.2763	216.8057	149.6144	378 789
差值	144.3115***	1310.0280***	47.1821***	—
	(−25.1711)	(−30.2763)	(−16.4128)	—

注：*、**、***分别表示显著水平为 10%、5%、1%。

表 6.5 首次开展对外直接投资企业与未开展对外直接投资企业生产率、劳动力和资本的均值检验

	生产率	劳动力	资本	样本数量
首次开展对外直接投资企业	586.5658	1036.541	152.2658	325
未开展对外直接投资企业	531.2763	216.8057	149.6144	380218
差值	55.2895***	819.7353*	2.6514***	—
	(−20.1223)	(−40.1532)	(−18.2558)	—

注：*、**、***分别表示显著水平为 10%、5%、1%。

表 6.6 非首次开展对外直接投资企业与首次开展对外直接投资企业生产率、劳动力和资本的均值检验

	生产率	劳动力	资本	样本数量
非首次开展对外直接投资企业	573.3127	1569.258	148.5622	1429
首次开展对外直接投资企业	586.5658	1036.541	152.2658	325
差值	−13.2531**	532.7170***	−3.7036**	—
	(−28.4589)	(−29.2457)	(−19.254)	—

注：*、**、***分别表示显著水平为 10%、5%、1%。

接下来，我们还需探讨在中国是否存在低效率的生产企业也同时向国外开展投资情况的分析。针对这一问题，我们通过表 6.7 和表 6.8 来进行解释。表 6.7 显示了中国对外直接投资企业中登记注册类型为国有企业与全部非对外直接投资企业在生产率、劳动力和资本等方面的均值检验结果。在表 6.7 中，国有对外直接投资企业表现出具有较高的生产率水平以及对资本和劳动力的占有与控制。表 6.7 中的数据并没有表明在中国存在低效率的生产企业也同时向国外开展投资的现象。在一些研究中，认为中国企业的对外直接投资长期以来存在低投资效率、低投资能力、高投资成本的问题，而该研究结果恰恰与这一结论相反（樊瑛，2010；丁婉玲，2011；赵云峰，2012），我们分析这与我们的样本数据选取无关，在进行数据筛选的过程中，保留下来的企业数据有限，并且其中所有权性质为国有企业的数据更加有限，我们提供了国有对外直接投资企业的二分位行业分布情况（表 6.8）[①]，在此表中，我们看到国有对外直接投资企业所集中的行业为非能源开发类以及石油勘探类，而通常这一类行业的对外直接投资往往具有经济战略意义，并且相关行业前期投入金额往往十分巨大，投资收益周期又比较长，相应的短期内的投资效益就会比较低，而这一部分企业在我们样本中涉及非常少（一共 9 家，占样本比重仅为 2.5%）。因此，导致我们最后数据的结论并未表现出存在低效率的生产企业也同时向国外开展投资的情况。

表 6.7　国有对外直接投资企业与非对外直接投资
企业生产率、劳动力和资本的均值检验

	生产率	劳动力	资本	样本数量
国有对外直接投资企业	843.8711	3608.181	318.9691	365

[①] 工业企业数据库中的企业所属行业分类是以四分位行业报告的，但该研究之所以采用二分位行业分类，是因为样本企业数据有限，如果采用四分位行业则可能造成每个行业投资的企业数目很少，无法进行比较分析，进而影响检测结论的有效性。

非对外直接投资企业	531.2763	216.8057	149.6144	380 218
差值	312.5948***	3391.375***	169.3547***	—
	(−55.3673)	(−657.2015)	(−39.8172)	—

注：*、**、***分别表示显著水平为 10%、5%、1%。

表 6.8　国有对外直接投资企业二分位行业分布情况

	二分位行业分类	企业数目	占全部国有投资企业比重（%）
企业数目排名前十位的行业	纺织业	32	8.80
	通信设备、计算机及其他电子设备制造业	29	7.90
	电气机械及器材制造业	28	7.70
	交通运输设备制造业	27	7.40
	通用设备制造业	26	7.10
	医药制造业	24	6.60
	金属制品业	17	4.70
	黑色金属冶炼及压延加工业	16	4.40
	化学原料及化学制品制造业	16	4.40
主要行业	石油和天然气开采业	3	0.80
	煤炭开采和洗选业	4	1.10
	非金属矿采选业	2	0.50

注：行业分类具体可参见《国民经济行业分类与国际行业标准分类》。

　　接下来，我们进一步考察对外直接投资是否与投资企业所有制类型有关。表 6.9 中是关于国有对外直接投资企业与民营以及外资对外直接投资企业在生产率、劳动力和资本的均值检验结果汇总，在此我们将进行对外直接投资的企业按三种所有制形式分类，即国有企业、私营企业和外资企业。其中，国有企业为企业登记注册类型中的国有企业、集体企业、国有联营企业、集体联营企业和国有与集体联营企业；私营企业包括企业登记注册类型中的私营企业、私营独资企业、私营合伙企业、私营有限责任公司和私营股份有限公司；外资企业包括中外合资企业、中外合作企业、外商企业以及港澳台企业。

结果可参阅表 6.9，根据表中数据我们可知，关于生产率水平，在对外直接投资企业中国有企业生产效率居中，即高于私营企业，低于外资企业；而劳动力则表现在比外资企业和私营企业都具有优势；资本水平同样居中，低于外资企业，高于私营企业，但与外资企业的差距较小。我们可以看出，在某些方面（如生产率与资本），国有企业的优势并不突出；国有企业整体的比较优势低于外资企业，高于私营企业。当然这只是我们从数据表面所做出的简单判断，并不能排除样本企业所属行业的差异情况，因此对于此问题的研究还需要运用更为系统、严密的实证计量手段予以分析。

表 6.9 OFDI 企业中的国有企业与民营企业、外资企业生产率、劳动力和资本的均值检验

	生产率	劳动力	资本	样本数量
对外直接投资企业中国有企业	843.8711	3608.181	318.9691	365
对外直接投资企业中外资企业	866.1441	1084.03	446.0787	370
差值	−22.2730***	2524.151***	−127.1096***	—
	(68.8631)	(−674.9643)	(−41.6719)	—
对外直接投资企业中国有企业	843.8711	3608.181	318.9691	365
对外直接投资企业私营企业	591.9641	462.8089	150.6762	560
差值	251.907	3145.372	168.2929	—
	(66.0127)	(658.4734)	(47.4364)	—

注：*、**、***分别表示显著水平为10%、5%、1%。

三、变量选取

在上文中，我们简单分析了影响企业对外直接投资决策的一般决定因素，主要从三个变量指标来进行衡量，它们分别是生产率、劳动力和资本。在本部分，我们将对本书实证计量部分所涉及的主要核心变量以及控制变量进行说明，并以统计描述方式介绍所选用的各个统计量。

（一）被解释变量

企业是否开展对外直接投资的决策选择。本书使用两类能够反映企业对外直接投资决策的变量：①企业是否进行对外直接投资（$OFDI^d$），若企业开展对外直接投资则取 1，否则取 0。②企业投资东道国国家类型，即是否对发达国家（地区）投资（$OFDI^H$）、是否对发展中国家（地区）投资（$OFDI^M$）以及是否对欠发达国家（地区）投资（$OFDI^L$），若是，取 1，否则，取 0。在未来的计量回归中，我们将使用二项离散选择模型进行实证检验。

（二）解释变量

（1）生产率。本书使用人均产出代表企业生产率水平。结合本书理论部分的推导，并依据 Melitz（2003），Helpman 和 Melitz（2004）以及 Yeaple（2004）等人的研究，企业开展对外直接投资的前提条件是生产效率水平需达到某一特定阈值。随着对异质性企业理论研究的不断深入，生产效率在企业对外直接投资决策中的重要作用越来越受到关注。在此，我们选用企业的人均产出，即企业工业总产值和企业从业人员数量的比值来体现企业的整体效率水平，并预测人均总产出与企业决定开展对外直接投资的决策有着正向关系。在对企业生产效率指标进行选定时，企业的全要素生产率也是常用的替代变量[①]，但

---

① 田巍，余淼杰. 企业生产率和企业"走出去"对外直接投资：基于企业层面数据的实证研究[J]. 经济学（季刊），2012（02）：383-408；葛顺奇，罗伟. 中国制造业企业对外直接投资和母公司竞争优势[J]. 管理世界，2013（06）：28-42.

本书由于受到数据使用年度的限制，因此排除了对全要素生产率指标的选用①。当然，选用人均产出作为衡量生产率的变量指标也有一定的局限性，主要是由于人均产出的高低取决于资产的多寡，而不能完全将其等同于生产效率，但是当控制了资本密集度的情况之下，生产效率与人均产出之间将存在严格的正相关关系，因此本书将人均产值作为衡量企业生产率水平的代表变量，并预期符号为正。

（2）劳动。本书选用劳动力数量，即员工数量统计指标来代表企业对劳动拥有情况。企业生产经营规模的扩张离不开人力资本的支持，而开展对外直接投资所带来的最为显著的影响就是企业经营规模或范围的扩大，伴随这一过程，企业所拥有的劳动力数量会相应增加。包括前文中表 6.4 和表 6.5 的数据也说明了这一点，相对于没有对外直接投资的企业而言，进行投资的企业将具有更多的劳动力。本书选取数据库中全部从业人员数量作为衡量劳动力指标，并预期回归系数符号为正。

（3）资本。本书选用总资产来代表企业资本的丰裕情况。总资产是指由某一企业所拥有或控制的并能够为其带来经济利益的全部资产总和。中国关于总资产的计量与联合国《国民经济核算体系》（The System of National Accounts，SNA）中的核算口径相同，即某一企业的总资产金额等于其资产负债表最末一行的"资产总计"金额，具体包括全部以货币计量的经济资源，以及各种财产、债权和其他权利。我们将使用《中国工业企业数据库》中的资产总计来衡量企业对资本的拥有情况，并预期企业资本越充裕，越促进其开展对外直接投资，故符号为正。

（4）资本密集度。依据张伯伟（2010）的研究，资本密集度在制造业部门中对其比较优势具有重要的决定作用，并且资本密集度的变

---

① 全要素生产率是基于 2002—2007 年《中国工业企业数据库》中的工业总产值、从业人员数、固定资产年平均余额和中间投入等统计数据，利用 LP 半参估计法逐行业（二分位行业）计算而得到的。而本书选用的是 2008 年的数据进行计量回归（2008 年和 2009 年均缺少中间投入指标）。

化对制造业的比较优势具有显著影响。据此，本书预测企业资本密集度对其对外直接投资决策也具有直接影响。关于资本密集度的测度，一般分为人力资本和物资资本，在此仅考虑物资资本密集度。具体的计算方法一般分为流量法和存量法，其中流量法以企业人均非工资附加价值来代表物质资本密集度；存量法以企业总固定资产除以企业员工人数而得到。由于数据的限制，本书将选用后者，即存量法进行计算，并预计企业资本密集度与企业对外直接投资决策具有正向关系。

（5）利润率。长期以来，企业利润率一直受到企业管理者的重视与关注，因为利润率的高低可以对企业的经营与长期发展产生重要影响。同时企业的利润率对其生产率又具有显著的促进作用，这一点在出口企业中更为突出（刘海洋，汤二子，2012）。而对于计划开展对外直接投资或已经开展了对外直接投资的企业而言，是否具有充足的资金保证则成为企业投资决策过程中的一个重要制约因素[①]。企业的经营利润是保证投资企业通过内源融资实现资金供应的重要因素。在衡量企业利润率水平时，学者们大多采用销售利润率或者资产利润率等财务指标，对于需要投入大量固定资产的工业部门而言，这一测度方式能够较好地将企业的投入回报率予以体现。在本书中，我们采用数据库中企业营业利润对工业销售产值的比值来计算企业利润率，并预期企业利润率对其外直接投资决策的影响系数为正。

（6）负债利息率。负债利息率是指所支付的利息费用与债务总额的比率。企业开展对外直接投资时往往需要提前支付一定的资本金，这也将意味着企业会面临融资问题。由于受到当前中国资本市场发展限制，企业要获得外部融资支持只能通过外源渠道。而负债利息率高低则受其获得借款时金融市场的资金供求情况以及金融市场利率变动和汇率波动等因素的影响，它们都会给企业带来债务风险。因此，负

---

① 企业开展对外直接投资往往会受到融资约束的影响，具体而言包括内源融资和外源融资。其中内源融资是指企业利用其自有资金和利润的留存等；而外源融资则包括债务融资和股权融资等。

债利息越高，意味着企业所面临的外源融资约束越大，企业资金需求也越难以满足。因此，本书预测负债利息率的估计系数为负。

（7）企业出口强度。伯纳科尔西（Bonaccorsi，1992）通过意大利的数据发现企业的出口强度与其规模呈正相关关系。并且，企业国际化的进程是距离上由近及远，形式上从简单到复杂的过程①。因此，相对于产品仅内销的企业而言，有出口经验的企业将更倾向于到东道国开展对外直接投资。而企业出口强度则是反映企业内销与出口决策的重要指标，出口强度高的企业更倾向于出口或对外投资，反之则偏向于内销。在本书中，我们定义出口强度为企业的出口交货值与工业总销售值之比值，并假设出口强度越高，企业越倾向于开展对外直接投资。

（8）投资收益水平。投资收益通常指在一个会计年度内企业开展投资所获得的经济利益。具体可包括两方面：一是以投资到期后收回债权或未到期提前转让债权而获得的款项额度高于（低于）账面价值部分，即投资收益（投资损失）；二是通过对外投资而分得股利或者获得债券利息。企业作为以盈利为目的的经营实体，通过自主经营实现其自身发展，为保证这一目标的实现，经营决策具有举足轻重的作用，而在经营决策中投资决策又是最为重要的决策（黄璞生、王瑞林，1994）。伴随着企业管理和资金运用权力的加大，以及中国国内资本市场的逐步完善，企业开展投资活动所获得的收益（或亏损）虽然并未通过提供其自身的生产或劳务获得，却成为企业利润的重要构成部分，投资收益将会带来企业利润的增加。在本书中，我们使用企业投资收益除以工业总产值来测量企业投资收益水平，并假设投资收益与企业对外投资决策间具有正向关系。

---

① J. Johanson, JE Vahlne. The internationalization process of the firm—a model of knowledge development and increasing foreign market commitments[J]. Journal of International Business Studies,1977(4):23-32；J. Johanson, JE Vahlne. The Uppsala internationalization process model revisited: From liability of foreignness to liability of outsidership[J]. Journal of International Business Studies, 2009(05): 1411-1431.

（三）控制变量

在本书的计量回归中还将使用企业所有制类型来控制企业在对外投资和经营管理过程中受到来自企业管理经验、政府干预和鼓励等方面因素对企业对外直接投资决策的影响。关于企业所有制类型分类，我们采用与张维迎（2003），葛顺奇和罗伟（2013）等研究类似的方法，将所有制类型分为国有企业、私营企业与外资企业（见表6.10）。

表6.10　样本企业所有制类型分类

所有制类型	注册登记类型
国有企业	国有企业、国有联营、国有独资公司、国有经济处于绝对控股地位的股份合作、联营或有限责任公司
外资企业	合资企业、合作企业、外商投资企业（含港、澳、台商投资）
私营企业	除国有企业和外资企业以外的余下企业

有关上述变量的统计描述详见表6.11，具体包括变量名称、指标解释、单位、样本数量、全部样本与分组样本（包括对外直接投资企业和非对外直接投资企业）的均值和标准差。关于各主要变量的相关系数参见表6.11。

表6.11　各变量统计描述表

变量名称	变量描述	单位	观测值	全部样本				投资	非投资
				平均值	标准差	最小值	最大值	平均值	平均值
被解释变量									
OFDI [d]	是否投资	0/1	380543	0.0034	0.0582	0	1	0.0034	0.0034
OFDI [H]	是否在发达国家投资	0/1	380543	0.0016	0.0396	0	1	0.0016	0.0016

变量名称	变量描述	单位	观测值	全部样本				投资	非投资
				平均值	标准差	最小值	最大值	平均值	平均值
OFDI M	是否在发展中国家投资	0/1	380543	0.0010	0.0318	0	1	0.0010	0.0010
OFDI L	是否在欠发达国家投资	0/1	380543	0.0001	0.0108	0	1	0.0001	0.0001
解释变量									
生产率	对数人均产出	元/人	380543	5.7325	0.9783	−5.3033	12.0306	6.5156	6.2748
劳动	对数企业员工总数	人	380543	4.6496	0.9960	3.0445	12.2009	5.8328	4.6456
资本	对数总资产	元	380543	9.8930	1.4032	1.6094	19.9607	11.7749	9.8866
资本密集度	对数人均固定资产	元/人	380541	3.9397	1.3950	−7.7142	11.8760	5.2781	5.0039
利润率	营业利润/销售额	——	316235	−3.2402	1.3506	−16.1652	5.4133	5.8328	4.6456

续表

变量名称	变量描述	单位	观测值	全部样本				投资	非投资
				平均值	标准差	最小值	最大值	平均值	平均值
解释变量									
负债利息率	利息支出/负债总额	——	217881	-3.7518	1.5294	-13.3195	7.7111	-3.2676	-3.2401
出口强度	出口交货值/销售额	——	380543	0.1366	0.3095	0	1	0.4039	0.1357
投资收益	投资收益/总产值	——	17173	-6.0775	2.5077	-16.4740	5.3956	-6.0256	-6.0783
控制变量									
国有企业	见表6.10	0/1	380543	0.2368	0.4251	0	1	0.2819	0.2367
外资企业	见表6.10	0/1	380543	0.1913	0.3933	0	1	0.2857	0.1909
私营企业	见表6.10	0/1	380543	0.5719	0.4948	0	1	0.4324	0.5724

表6.12 各统计变量相关系数

变量名称	OFDI[d]	生产率	劳动力	资本	资本密集度	利润率	负债利息率	出口强度	投资收益率
生产率	0.018	1.000							
劳动	0.069	-0.145	1.000						
资本	0.078	0.319	0.654	1.000					
资本密集度	0.020	0.411	-0.011	0.554	1.000				
利润率	0.003	0.076	0.058	0.119	0.173	1.000			
负债利息率	0.005	0.098	0.050	-0.113	0.027	0.095	1.000		
出口强度	0.051	-0.140	-0.218	0.066	0.141	-0.918	-0.029	1.000	
投资收益率	0.003	-0.164	0.140	-0.071	0.003	0.196	-0.040	-0.080	1.000

四、模型设定与计量结果分析

基于先前分析，我们从以下两方面建立计量回归模型，分析企业对外直接投资决策的影响因素。

（一）企业是否开展对外直接投资

在此，我们将分析企业是否进行对外直接投资决策的影响因素，以及相关因素的作用方向与效果。具体而言，我们将回归方程表达为如下形式：

$$P(OFDI_i^d = 1 | X_i) = F(X_i\beta) = X_i\beta + v_i \tag{6.2}$$

在式（6.2）中，下标 i 代表某一特定企业，X 为全部解释变量与控制变量，F 是累积分布函数，β 为各变量的回归系数，v_i 为扰动项，并服从标准正态分布。其中 P 的概率可进一步表示为：

$$\text{Probit：} \quad P(OFDI_i^d = 1 | X_i) = E(OFDI_i^d | X_i) = F(X_i\beta) = \frac{1}{\sqrt{2\pi}} \int_{-\infty}^{X_i\beta} e^{\frac{t^2}{2}} dt \tag{6.3}$$

因变量是一个包含对企业开展外直接投资的概率 P 的自然对数函数，且 $X_i\beta = \ln\left[P/(1-P) \right]$。

接下来，我们将开始对 *Probit* 模型进行回归分析。首先我们先行检验上述 *Probit* 模型是否为标准的模型，即模型的扰动项是否为同方差。为此我们通过似然比检验（LR）来判定。对于 *Probit* 模型，同方差的原假设为 H_0，即扰动项是同方差的。经过检验，我们的 *Probit* 模型扰动项均为同方差（LR 比检验的 P 值见表 6.13 中的最末行）。这样我们对 *Probit* 模型采用扰动项同方差的 *Probit* 估计，表 6.13 显示了当取不同的解释变量 X_i 时回归系数 β 的值。在回归式（1）中，我们仅对生产率、劳动力和资本进行了回归，结果显示劳动和资本对企业的对外直接投资具有正向的促进作用，并且劳动和资本每增加一个单位则企业开展对外直接投资概率是不会开展直接投资概率的 0.0875 和 0.184 倍，这一点与本书预期一致，充分说明了企业拥有的劳动力资本越充裕，越促进其开展对外直接投资。但生产率的回归系数符号为负，虽然与预期相反，但该指标并不具备统计显著性，关于生产率对企业对外直接投资的影响还需要进一步检验。为了保证计量回归的准确性，我们还通过逐渐添加变量的方式来分别进行回归。

回归式（2）～（6）中进一步加入资本密集度、利润率、负债利息率和企业出口强度等变量，事实证明，当加入这些变量后，生产率对企业对外直接投资的影响开始显现出来，与赫尔普曼（Helpman，2004）的观点以及前述内容一致，即企业的生产率的确对其对外直接投资决策具有显著的正向影响。生产率变量在加入了代表企业融资能力的利润率和负债利息率指标后开始显著为正，说明在控制了企业的融资状态以后，较高的人均产出会增加企业开展对外直接投资的概率。但在所有的回归式中（回归式（4）～（6）），负债利息率变量却始终显著为正，这一点与我们的预期相反，这恰恰说明中国企业在开展对外直接投资时的确面临着外部融资约束的制约，但即使受到融资的限制，仍然未能阻止企业向国际化迈进。

在回归方程（7）中，我们进一步引入控制变量，即通过控制对外直接投资企业的所有制类型来进行计量回归。显然，在控制了国有企业的资本密集度、利润率、负债利息率和企业出口强度等因素后，国有企业的对直接投资概率略高于外资企业。同时，出口强度指标一直显著为正，也证实了本书之前的分析，即相对于产品仅内销的企业而言，企业的出口经验越丰富，越倾向于到东道国开展对外直接投资。这一结论与约翰逊和瓦伦（Johanson and Vahlne，2009），葛顺奇和罗伟（2013）等的相关文献的研究结论是一致的。

表 6.13 企业是否对外直接投资决策决定因素的回归结果（系数）

解释变量	Probit 模型（被解释变量为 OFDI[d]）						
	(1)	(2)	(3)	(4)	(5)	(6)	(7)
生产率	-0.00637	-0.00843	-0.0209	0.0598***	0.0459**	0.00703*	0.0223*
	(-0.54)	(-0.70)	(-1.46)	(-3.48)	(-2.52)	(0.14)	(-0.44)
劳动	0.0875***	0.00387	0.00738	-0.0625***	-0.110***	-0.123**	-0.130**
	(6.43)	(0.24)	(0.40)	(-2.83)	(-4.75)	(-2.02)	(-2.11)
资本	0.184***	0.274***	0.288***	0.363***	0.382***	0.404***	0.433***
	(16.92)	(19.19)	(17.60)	(18.06)	(17.92)	(6.83)	(7.13)
资本密集度		0.0925***	0.0863***	0.144***	0.121***	0.170***	0.171***
		(-9.79)	(-8.00)	(-10.63)	(-8.43)	(-4.33)	(-4.31)
利润率			0.0350***	0.0412***	0.0226**	0.0399*	0.0439*
			(-4.61)	(-4.54)	(-2.33)	(-1.69)	(-1.85)
负债利息率				0.0735***	0.0776***	0.0861***	0.0904***
				(7.37)	(7.40)	(2.84)	(2.95)
出口强度					0.727***	0.887***	0.771***
					(21.50)	(8.98)	(7.43)
投资收益率						0.0146	0.0154
						(1.04)	(1.09)
是否为国有 企业							0.189**
							(-2.05)
是否为外资 企业							0.166*
							(1.81)
常数项	-5.068***	-5.205***	-5.432***	-5.086***	-5.328***	-5.466***	-5.524***
	(-71.40)	(-71.36)	(-61.35)	(-46.81)	(-46.24)	(-17.20)	(-17.08)
N	380 543	380 541	316 233	183 873	183 873	9 656	9 656
R²	0.105	0.110	0.125	0.132	0.170	0.179	0.187
似然度	-7747.028	-7703.220	-6368.087	-4807.364	-4593.101	-777.002	-768.990
LR 检验 P 值	0.092	0.520	0.092	0.068	0.009	0.037	0.0351

注：括号内的数据为相应系数的 t 统计量；*、**、***分别表示显著水平为 10%、5%、1%。

在此，我们假设存在某一变量 x_M，根据本书中的回归模型 x_{Mi} 可能为两种变量形式，即连续变量或者虚拟变量。因此我们可将 *Probit* 回归模型中存在边际效应表达为以下形式：

$$边际效应=\begin{cases} \dfrac{\partial P\left(OFDI_i^d=1\middle|X_i\right)}{\partial x_M}=F'\left(X_i\beta\right)\cdot\beta_M, \\ x_M为连续变量 \\ P\left(OFDI_i^d=1\middle|X_i^*,x_{Mi}=1\right)-P\left(OFDI_i^d=1\middle|X_i^*,x_{Mi}=0\right), \\ x_M为虚拟变量 \end{cases} \quad (6.4)$$

在式（6.4）中为全部变量 X 中除 x_M 以外的变量集合。根据边际效应表达式，我们可以看出影响企业对外直接投资与否的边际效应取值与解释变量的取值有关，并且个体企业的值也是存在差异的，为了方便我们分析变量 x_M 取值对企业对外直接投资决策的整体概率的影响，需要进行对企业平均边际效应的估算。我们假设共存在 n 个企业样本，那么 x_M 的平均边际效应（ MFE_x^d ）可表达为：

$$MFE_x^d =$$

$$\begin{cases} \dfrac{1}{n}\sum_i F'(X_i\beta)\cdot\beta_M, \\ x_M为连续变量 \\ \dfrac{1}{n}\sum_i\left[P(OFDI_i^d=1\middle|X_M^*,x_{Mi}=1)-P(OFDI_i^d=1\middle|X_M^*,x_{Mi}=0)\right], \\ x_M为虚拟变量 \end{cases} \quad (6.5)$$

为了解决本书中所使用样本并未完全匹配数据的弊端（样本中的对外直接投资企业数目低于实际投资企业数目），我们将进一步估算变量 x_M 的边际弹性，即计算 x_M 每变动一个单位对 $OFDI_i^d$ 变动影响的百分比。那么 x_M 的边际弹性表达式为：

$$\text{边际弹性=} \begin{cases} \dfrac{\partial P\left(OFDI_i^d = 1 \middle| X_i\right) \middle/ \partial X_M}{P\left(OFDI_i^d = 1 \middle| X_i\right)} = \dfrac{F'\left(X_i\beta\right) \cdot \beta_M}{F\left(X_i\beta\right)}, \\ x_M \text{为连续变量} \\ \dfrac{P\left(OFDI_i^d = 1 \middle| X_i^*, x_{Mi} = 1\right) - P\left(OFDI_i^d = 1 \middle| X_i^*, x_{Mi} = 0\right)}{P\left(OFDI_i^d = 1 \middle| X_i\right)}, \\ x_M \text{为虚拟变量} \end{cases}$$

$$（6.6）$$

接下来，我们将平均边际弹性（MFE_x^e）表达为：

$$MFE_x^e =$$

$$\begin{cases} \dfrac{1}{n}\sum_i \dfrac{F'\left(X_i\beta\right) \cdot \beta_M}{F\left(X_i\beta\right)}, \\ x_M \text{为连续变量} \\ \dfrac{1}{n}\sum_i \dfrac{P\left(OFDI_i^d = 1 \middle| X_i^*, x_{Mi} = 1\right) - P\left(OFDI_i^d = 1 \middle| X_i^*, x_{Mi} = 0\right)}{P\left(OFDI_i^d = 1 \middle| X_i\right)}, \\ x_M \text{为虚拟变量} \end{cases} \quad （6.7）$$

表 6.14　对外直接投资决策影响因素（效应和弹性）

解释变量	Probit（被解释变量为 OFDI^d）				LPM（被解释变量为 OFDI^d）	
	（1）MFE$_x^d$		（2）MFE$_x^e$		（3）β 系数	
生产率	0.00047	(0.0011)	0.37493	(0.8608)	0.00186	(0.0019)
劳动力	−0.00275**	(0.0013)	−2.00109*	(0.9560)	−0.00034	(0.0027)
资本	0.00916***	(0.0013)	13.73710***	(2.0274)	0.01520***	(0.0024)
资本密集度	0.00362***	(0.0009)	2.17253***	(0.5127)	0.00669***	(0.0018)

续表

解释变量	Probit（被解释变量为 OFDI^d）				LPM（被解释变量为 OFDI^d）	
	（1）MFE$_x^d$		（2）MFE$_x^e$		（3）β 系数	
利润率	0.00093*		（0.0005）		0.38459*	
负债利息率	0.00191***	（0.0007）	0.91887***	（0.3147）	0.00311***	（0.0011）
出口强度	0.16303***	（0.0025）	0.29035***	（0.0409）	0.03944***	（0.0054）
投资收益率	0.00033	（0.0003）	0.27196	（0.2500）	0.00194***	（0.0006）
是否为国有企业	0.00384*	（0.0018）	0.20690**	（0.1011）	0.00886***	（0.0034）
是否为外资企业	0.00205	（0.0026）	0.06991*	（0.0388）	0.00798*	（0.0044）

注：（1）括号内的数据为相应系数的标准差。（2）*、**、***分别表示显著水平为 10%、5%、1%。（3）Probit 模型中的变量边际弹性的标准差采用自助法（Bootstrap）计算。（4）表格中未包括常数项的回归结果。

表 6.14 显示了 Probit 模型下各解释变量对企业选择开展对外直接投资决策概率的边际效应、边际弹性以及使用 OLS 进行 LPM 估计的回归结果。其中表 6.14 中的（1）和（2）列为 Probit 模型边际效应和边际弹性估计结果。根据边际弹性回归结果，生产率每增加 1%，则企业开展对外直接投资的决策概率将增加 0.37%；而劳动力每增加 1%，则企业开展对外直接投资的决策概率将降低 2%；资本每增加 1%，则企业开展对外直接投资的决策概率将增加 13.74%；其他变量均表现出对对外直接投资的决策具有促进作用。

尽管边际弹性能够说明各个解释变量对企业对外直接投资决策影响程度的差异，但由于各指标的变动幅度不同，因此直接比较它们对企业对外直接投资决策概率影响的解释力偏弱。因此，我们进行了概率线性模型的回归，回归结果在表 6.14 中第三列显示①。β 系数回归结果与 *Probit* 模型边际效应非常接近，说明了 LPM 的估计方法也可以得到较为一致的估计结果。依据 β 系数的回归结果我们可知，在各个解释变量变动相同情况下，企业出口强度对企业对外直接投资决策概率的影响最为显著（全部 β 系数中出口强度指标系数值最高）。企业出口对于对外直接投资具有较强的促进作用，也再次证明了通过开展国际贸易活动而积累的国际经验对于企业"走出去"起到非常重要的决定性作用。此外，资本的 β 系数次之，说明企业所拥有的资本丰裕程度也决定了其对外直接投资的决策概率，资本越丰富，开展对外直接投资的概率越大。企业不同的所有权性质也影响着对外直接投资决策。在投资动力上，国有企业明显要高于其他类型所有制企业，但相比外资企业，国有企业的系数值与之相差并不大，也充分说明了在中国开展"走出去"战略以来，参与对外直接投资企业中的外资企业还是比较具有活力的。

（二）稳健性检验

汇集以往研究以及第三章和第四章中的分析可知，中国在对其他国家开展对外直接投资时，在不同的投资东道国，投资动机以及影响因素也是有差异的。因此，当企业在对不同发展水平的东道国开展对外直接投资时，企业自身的决定因素很可能会有所差别。故在这一部分，我们将针对投资东道国经济发展水平差异下的企业对外直接投资决定因素开展实证检验。

一般而言，东道国的收入水平越低，对于选择进入该国家的企业而言投资的入门门槛也越低，因此相对于高收入国家而言，低收入国家将更容易吸引那些生产率水平较低企业的投资黑德和里斯（Head and Ries，2001）。在本书中，我们将按照投资东道国经济发展水平的差异来进一步分析企业选择开展对外直接投资决策的影响因素。具

①　我们使用的是概率线性模型的前提是变量满足外生性的假定，并且我们所得到的是 $LMP, F(y)=1$ 的估计系数 β，其中 β 可直接用来比较不同变量的影响程度。

体而言，我们按照东道国经济发展水平将国家类型分发达国家、发展中国家与欠发达国家（地区），并采用如下两个回归模型进行样本回归：

$$\text{Probit}: \quad P\left(OFDI_i^H = 1 \middle| X_i\right) = X_i\beta + \mu_i \quad (6.8)$$

$$\text{Probit}: \quad P\left(OFDI_i^L = 1 \middle| X_i\right) = X_i\beta + \varepsilon_i \quad (6.9)$$

第一个回归式中，$OFDI_i^H$ 代表发达国家（地区），当 $OFDI_i^H = 1$ 则表示企业投资于发达国家（地区），否则 $OFDI_i^H = 0$，用来估计企业投资到高收入国家投资的概率。同理，第二个回归式中，$OFDI_i^L$ 代表发展中与欠发达国家（地区），取值为 1（或者 0），用来估计企业投资到低收入国家的概率。通过分别 *Probit* 回归，比较这两个回归式系数的异同，进而分析企业投资到不同类型东道国的决定因素是否存在差异。为了保证计量回归的可行，我们还需要假设两个回归式中的随机扰动项之间是相互独立的。回归结果如表 6.15 中的（1）、（2）列所示，两个回归中生产率对于企业在不同类型东道国的投资决策有着明显差异。

当投资的东道国类型为发展中国家或者欠发达国家时，企业对外选择直接投资决策的影响因素与先前所分析结论基本一致，我们所得到的结论与 Head 和 Ries（2003）相同。但是当东道国类型为发达国家时，却得到完全相反的结论。尽管对于大多数国家的企业而言，生产率水平越高，越倾向投资于发达国家，但在中国企业的数据中却表现为投资于发达国家的企业的生产率反而更低。在这一点上，再次佐证了中国企业对外直接投资具有效率寻求的特征，并且与其他国家的投资动机有着非常明显的差别。在有关对发达国家投资决策的影响因素中，利润率、资本密集度等指标为负值，也说明了企业在对发达国家开展投资时，尽管在上述因素中不具备优势，但也没有抑制企业制定投资决策，中国企业的对外直接投资未受到影响。此外，我们还发现，与外资企业不同，当企业类型为国有企业时，效率低的企业向发达国家投资的概率反而更高，而在外资企业中则表现出生产率对选择投资的决策概率有正向影响。这表明在中国的对外直接投资企业中，国有企业的对外直接投资并未受到生产效率水平的制约，与传统的投资理论所分析的不同，国有企业开展对外直接投资时，所有权优势并不是其绝对投资与否的必要条件，这是一个非常具有中国特色的研究结论。

在上述计量模型中，我们假设 μ_i 与 ε_i 相互独立，也就是说，我们需要将企业决定是否开展对外直接投资分成两个相互独立的决策——到发达国家投资或者不投资和到发展中或欠发达国家投资或者不投资。当然，这一估计方法是存在局限性的。因为在实践中，这两个决策并非总是独立的，有时是相关的。只不过受到企业拥有资源的制约，几乎不存在同一时间向不同类型的东道国开展投资的情况。也就是说，企业在开展对外直接投资时所做出的投资决策（选择）具有多样性，有时企业的决策（选择）是相对独立的，如企业对于是否开展对外直接投资进行选择时；而有时企业的决策（选择）却具有相关性，如企业需要选择到何种类型东道国进行投资。

当假设条件 μ_i 与 ε_i 相互独立成立时，我们可使用二项离散选择模型进行实证检验，但当假设条件不成立时，我们则需要借助二元离散选择模型进行计量估计。在此我们借鉴田巍和余淼杰（2012）的研究，采用双变量 *Probit* 模型进行实证检验，回归结果详见表 6.15 第（3）、（4）列。我们对双变量模型两个回归系数的异同进行鉴定，得到的概率 P 值为 0.09，再次说明当面对不同东道国类型时，对外直接投资企业生产率的影响是存在差别的。

表 6.15　东道国经济发展水平差异下的企业投资选择决策回归结果

因变量：企业对外直接选择变量	按东道国经济发展水平差异单独回归		按东道国经济发展水平差异联合回归	
样本	（1） $OFDI_i^H = 1$	（2） $OFDI_i^L = 1$	（3） $OFDI_i^H = 1$	（4） $OFDI_i^L = 1$
生产率	-0.0689**	0.0296**	-0.0706**	0.0254***
	（-1.00）	（-0.39）	（-1.02）	（-0.34）
劳动	-0.119	0.017	-0.12	-0.0239
	（-1.45）	（-0.18）	（-1.46）	（-0.26）
资本	0.360***	0.237***	0.358***	0.240***
	（-4.49）	（-2.65）	（-4.49）	（-2.69）
资本密集度	-0.118**	0.0935**	-0.116**	0.093**
	（-2.14）	（-1.52）	（-2.10）	（-1.52）
利润率	-0.0326***	0.00925***	-0.0328***	0.00996***
	（-1.01）	（-0.24）	（-1.02）	（-0.26）
负债利息率	0.0908**	0.0267	0.0913**	0.0278
	（-2.13）	（-0.62）	（-2.14）	（-0.65）
出口强度	0.902***	0.491***	0.898***	0.493***
	（-6.79）	（-2.96）	（-6.78）	（-2.97）
投资收益率	0.0288*	0.0360*	0.0291*	0.0363*
	（-1.48）	（-1.65）	-1.49	（-1.66）
是否为国有企业	0.17**	0.00792**	0.168**	0.00492**
	（-1.35）	（-0.06）	（-1.34）	（-0.04）
是否为外资企业	-0.112*	0.0933*	-0.11*	0.0886*
	（-0.91）	（-0.62）	（-0.9）	（-0.59）
常数项	-4.894***	-4.867***	-4.873***	-4.840***
	（-11.44）	（-10.39）	（-11.46）	（-10.39）
N	9656	9656	9656	9656
Pseudo R^2	0.164	0.118	——	——

注：（1）表中括号内数据为相应回归系数的 t 统计量，系数的标准差均为异方差稳健标准差；
（2）*、**、***分别表示显著水平为 10%、5%、1%。

五、研究结论

本书通过合并中国商务部《境外投资企业（机构）名录》和 2008 年《中国工业企业数据库》，构建有关企业对外直接投资选择的数据集，基于 Helpman（2004）的企业异质性理论全面系统地分析和考察了中国制造业企业选择开展对外直接投资决策的影响因素，以及各影响因素的作用强度。具体而言，包括生产率、劳动、资本、资本密集度、利润率、负债利息率、出口强度、投资收益率等影响因素，并在此基础上全面考察了当企业具有不同的所有权性质时，对其对外直接投资决策的影响，以及上述影响因素对于企业投资东道国选择决策的影响。研究发现：

第一，相比非对外直接投资企业，在对外直接投资企业中，生产率、劳动和资本等主要变量指标均表现出较高的水平。并且，多次对外直接投资并不一定会为企业带来学习效应和反向溢出效应，开展对外直接投资企业所具有的较高生产率并非随着投资积累经验而逐步提高，而是一种先决优势。

第二，企业资本密集度、利润率、负债利息率和企业出口强度等指标越高，则企业倾向于开展对外直接投资的概率越高。其中出口强度的影响最为显著，再次验证了企业除了具备必需的竞争优势外，出口积累国际经验对于对外直接投资的开展也是非常重要的。

第三，生产率对于企业决定是否对外直接投资选择具有显著的正向影响作用。但是，我们需要注意的是，当企业所有权类型为国有企业时，从整体上来看，开展对外直接投资国有企业生产率水平均值较高，如果进一步细分，即考察国有企业对不同类型东道国进行投资选择时，研究发现生产率较高的企业的投资流向发展中或欠发达国家，而生产率较低的企业的投资反而流向发达国家。这说明国有企业确实存在低效率的生产企业也同时向国外开展投资的情况，并且其投资对象主要为发达国家，可见效率寻求动机是较为明显的。

在以往的文献中，由于受到数据局限性的限制，关于中国对外直接投资的微观企业层面研究较少。该实证研究所使用的数据虽然不够完美，并存在着年份短、匹配后的企业样本有限，企业类型（仅为制造业企业）较为单一等问题，虽然这些问题也导致了本书的研究无法更为全面地展开，但毕竟还是可以弥补中国学术界缺少关于企业"走出去"方面微观层次研究的不足。当然，在尽可能的情况下，本书开展了较为详细的实证检验，从多个角度对企业开展对外直接投资决策的影响因素进行了较为全面的分析和考察，并通过稳健性检验尽可能地保证回归结果的准确性。当然，如果在未来我们可以获取更为翔实的微观企业数据，则可以使我们的研究成果更为可靠和严谨，也可以对企业的对外直接投资行为展开更为全面、系统的研究。

第三节　本章小结

在本章，我们主要从宏观层面和微观层面两个层次开展实证分析。

在宏观层面，研究以1990—2012年的数据为分析依据，实证研究的结果表明以下三方面的因素对于中国对外直接投资影响相对较大：首先，能源消费需求的上涨影响着中国企业的对外直接投资，表明中国对外直接投资具有寻求能源型的趋势与特点。特别是近年来，随着中国经济的高速发展，中国企业对于海外能源越来越具有依赖性。因此寻求海外能源，以保证对国内生产生活所需能源的稳定供应，已经成为当前中国对外直接投资的重要驱动力。其次，开放型经济社会对于对外直接投资具有重要影响作用。改革开放前较为封闭的经济形式导致许多资源配置的扭曲，使许多市场长期处于低价且商品短缺的局面，而市场化的改革则可以在短期内实现上述局面的扭转，通过对外开放，不仅可以适当增加供给，平抑价格，还能为国内企业创造外汇提高收入开辟道路。最后，外汇储备对中国对外直接投资的贡献作用是显而易见的，中国是全世界投资存量排名第七的投资大国，但是绝对额尚小。商务部在"十二五"期间也通过进一步拓宽外汇储备有效运用以及人民币跨境流通的渠道和方式，加大对企业海外投资的政策支持和服务保障力度，大力助推企业"走出去"，支持企业对外投资，以积极的国际化战略努力提升中国企业的市场竞争力。

在微观层面，本书从企业异质性理论角度出发，根据第四章第二节所构建的理论模型，分析企业层面对外直接投资的决定因素并提出假设，最后在此基础上开展实证检验，并得到以下主要结论：首先，生产率对于企业选择是否开展对外直接投资具有重要作用。企业生产率水平越高，拥有的劳动和资本等要素越丰裕，则越倾向于选择到国外投资，并且有关投资过程所带来的学习效应和反向溢出效应并未得到实证分析的支持。其次，企业资本密集度、利润率、负债利息率和企业出口强度等因素也影响着企业对外直接投资的概率水平。而上述决定因素中，出口强度表现出最为显著的影响。最后，对于所有权类型为国有的企业，存在生产率水平较低的企业向发达国家投资的情况，而在外资企业中则是生产效率高的企业向发达国家投资。可见，国有企业的投资动机具有一定的效率寻求性。也就是说，对于国有企业而言，生产效率对直接投资的决定作用相对较弱。

第七章 中国对外直接投资进入模式战略分析

正如前文分析，企业在考虑对外直接投资决定因素的基础上，当企业做出"走出去"的决策后，往往需要制定完整的投资战略。其中进入模式以及投资区位的选择成为跨国企业重点考虑的问题，而进入模式的选择与确定又需要企业综合考虑存在的制约条件和全部决定因素。在对不同经济发展水平国家开展投资时，企业进入模式选择也存在差别。为保证中国对外直接投资战略的顺利实施，政府和企业都应该充分整合自身优势，积极主动参与投资。因此，本章结合前文有关对外直接投资决定因素，试图从企业对外直接投资进入模式的视角就企业对外直接投资战略进行研究与分析。

第一节 企业对外直接投资进入模式的选择

目前，对外直接投资企业最基本的进入模式为新建投资（Greenfield）和跨国并购（M&A），也是企业开展对外直接投资时首先需要关注的问题。有关国际直接投资理论中，如最著名的国际生产折中理论并没有区分对外直接投资的不同进入模式，因为该理论主要是以新建投资为基础而提出的。从20世纪80年代开始，跨国并购逐渐取代新建投资成为对外直接投资的主要方式，而对于企业不同进入模式的选择方面，现有的有关国际生产的研究文献只能部分地解释这一现象。

因此，根据第四章理论模型以及第五、六章实证研究结论展开讨论：一个对外直接投资企业在开展投资时考虑选择新建投资进入方式或者跨国并购进入方式，其主要依据应当是衡量直接目标下两种不同进入方式的总成本、市场和政策的差异性，应对其进行综合比较与分析。同时，还要结合企业自身的竞争优势情况，谨慎选择新建投资或跨国并购。总之，这一选择是对外直接投资企业经过一系列审慎权衡后所得出的结论。下面通过从影响跨国企业对外直接投资进入方式的宏观和微观因素入手，分析跨国企业对外直接投资的进入模式选择，并从新建投资和跨国并购两种进入方式的比较中得出跨国企业选择投资进入方式的原因或依据。

一、宏观层面

（一）模式选择将受到宏观经济环境的影响

金融危机发生时，世界经济普遍不景气，在此影响下，很多公司的市盈率大幅下降，经营困难和财务问题等也促使企业加快重组，这样就需要一定的资金支持。在这种情况下，并购等方式可以满足投资者资金需求，以获得相应的资产和市场，目标企业也能够通过重组度过艰难处境而继续生存。此时企业估值的普遍偏低也有利于并购的实现。

（二）企业对外直接投资存在来自多方面的风险

不论是投资建新厂还是并购，企业都不可避免地面临投资风险。当企业在外国开展投资活动时，不免会遭受来自外国政治因素的影响，如战乱、国有化政策、与母国的外交纠纷等，尤其是不发达国家，法制不健全使得投资活动得不到很好的保障。此外，企业海外投资还将面临外汇风险，汇率的波动导致海外投资活动的收益存在较大不确定性，进而给企业造成损失。

（三）跨国并购中可能涉及东道国政府政策问题

不论是发展中国家还是发达国家，关于引入外商直接投资方面大都出台了许多激励措施，但并非所有产业行业都被允许投资，尤其是发展中国家，出于保护本国产业或国家安全等原因，对很多行业的投资做出了很多限制性规定，在审批过程中不予通过。东道国是否批准并购取决于并购行为是否对东道国有利，即东道国需要对并购行为是否符合其自身利益进行判断。相对于投资建设新厂，并购行为有时是有害的。比如改革开放过程中的国有企业改革，转卖的方式确实给当时生存艰难的国有企业提供了大量的资金支持。但以中国实际情况来看，企业生产能力并没有增加，同时企业转卖过程中不仅存在价值低估的情况，还由于并购完成后对员工的裁减而引发了诸多社会问题。如果并购者是行业内大型的垄断厂商或寡头企业，并购还将进一步削弱市场竞争，不仅丧失了本国对企业所有权的掌控，还失去了相应的产品市场，甚至使整个行业市场全军覆没，如20世纪90年代中国的胶卷行业。而新建投资不仅能增加行业产能，还能带动就业，促进竞争，显然对东道国更加有利。

东道国在决定是否批准并购时会有很多非经济方面的考量。在一些文化壁垒比较强的行业，如传媒、娱乐，并购可能会造成意识形态方面的顾虑，从而给并购带来阻碍。并购当地一些战略性或标志性企业会对东道国居民造成心理方面的冲击，甚至有时会上升至国家主权的高度，特别是中国国有企业在西方发达国家的并购行为，很容易受到"中国威胁论"的干扰，尤其当并购涉及资源类能源类企业时，经常遭到阻挠。对于一些竞争性行业的并购，可能还会对当地市场竞争环境造成不利影响，如果并购者处于市场垄断地位，则东道国很可能出于保护本国中小企业的目的来阻止企业的扩张活动。

总之，东道国政府对待并购行为的态度取决于本国的利益。当外资企业在提供资金、促进当地经济发展以及对本国行业、产业有利时，东道国政府才会持支持态度。这种形势下东道国的政策影响着跨国企业投资方式的战略选择。

二、微观层面

（一）企业选择并购的前提是东道国存在并购对象

在实践中，满足这一条件的企业往往十分有限，因为多数企业是不愿被收购的。即使对方愿意被收购，该企业也可能并不是一个很好的收购对象，还可能存在双方企业都同意，但东道国当地环境不允许的情况。比如中海油在收购优尼科时，双方公司都同意，却遭到美国政府的反对，同样中海油在收购尼克森时，是以游说政府和引入民众加入等很多附加保障后才得以通过。如果没有合乎条件的收购对象，企业只能选择新建企业的方式。这种方式相对于并购来说，生产资料等固定资产都是新建的，能够省却并购后双方公司整合的问题。

因为并购对象并不容易获得，企业选择并购在很多情况下并不是长期谋划的结果，而是当存在满足自身需求状况的企业表现出出售意愿时，企业才开始研究自己是否可以进入东道国市场，是采取并购方式还是新建工厂的方式。这种意外的并购机会在很多情况下不是企业自己努力争取来的。从对外投资的动机性方面考虑，企业新建工厂的方式包含的主观意愿更多。在新建工厂前，企业需要对东道国环境进行调研和考察，包括市场饱和度、产业竞争度、自身产品的竞争优势和劣势等，从而根据东道国具体情况，选择是否进行投资建厂。相比并购这种等机会的手段，新建工厂可能面临更多的投资机会。当东道国市场存在饱和或东道国政府出于对某些产业实行保护而人为增加投资壁垒时，并购可能是仅有的进入方式。随着全球经济一体化进程，各国的经济界限日渐模糊，产业差异的缩减加剧了企业竞争的激烈程度，在这种条件下，不论哪个国家总会有企业为适应激烈的竞争而选择重组来提升竞争力和生存能力。因此，可供选择的合适的并购对象会越来越多，企业选择并购方式的可能性也将越来越大。

（二）企业选择并购或新建投资与其发展战略有关

企业发展战略决定了并购对象的选择。如果并购是为了获取市场和扩大规模，其并购对象的业务范围需要与并购方一致；如果为了协同效应来提高效率，那么应该关注并购对象的协同能力，此时如果被收购企业属于竞争力比较强的企业，那么其优势资产可能会得到转移利用，如专利、技术等，企业的销售网络等无形资产也会得到有组织的利用。如果企业的并购是为了减少风险，则可以选择其他行业的企业来扩大产品多样性。

（三）企业进行对外直接投资时需要进行成本分析

从企业的角度，企业开展生产经营活动和投资活动的最终目的是实现利润最大化，在选择投资方式过程中必然会考虑成本的因素，因为采取不同的方式，成本也并不相同。企业在研究计算并进行比较后才能决定进入方式——是新建工厂还是实行并购。对于市场不健全的国家，如大部分发展中国家，资本市场一般不完善。这类国家中的企业就会存在价值低估的可能。当东道国经济产生剧烈波动时，普遍的资产价值缩水就使得并购成为可能。产权制度的缺失或不完善给了投资者通过低价收购获取超额价值的机会。这个时候的并购显然优于投资建设新厂。利用东道国资产估价的不成熟来进行并购，跨国公司能够以较低的成本获取相对优质的资源，这些资源是通过建设新厂无法获得的。资本市场不完善也使得企业的股票无法准确衡量企业的价值。当存在企业经营管理不善或汇率波动等短期因素引起股票相对波动，偏离企业真实价值的时候，对企业价值的评估如果高于股东的价值衡量，此时的并购能够给并购者带来丰富的短期资本收益。而在此之前，并购者必须对这种存在财务危机的并购对象的资本收益流量进行细致的分析研究，以决定并购时机。

对于一些研发密集度高、市场集中度高等进入壁垒高的行业，采用并购的可能性比较大。这种行业投建新厂的成本比较高，如航天、电力、电信行业等，选择并购是比较经济可取的方式。

（四）市场也是影响企业选择投资进入模式的因素

企业在追求利润最大化过程中，还需要考虑其产品销售、市场占有率等因素，因此市场也会是企业选择投资进入模式的影响因素。相比投资建设新厂，并购并不需要大量的基础投资建设，不必花费大量人力、物力做筹建工作，需要的时间相对比较短，企业能够迅速地进入东道国市场，而这一点在当今激烈的市场竞争中尤为重要。自由竞争和快速的技术革新并没有给企业太多的时间去开拓新市场，那么从新市场中直接获取现有企业的厂房设备等生产资料就帮助企业缩短了投资周期，使企业能快速、有效地扩大在东道国的市场份额，并取得一定的市场地位。对于一些寡头企业和垄断企业，这种争取市场的并购行为可以有效地加强行业进入壁垒，增强垄断地位，进而控制市场。

投资建设新厂速度慢、周期长，可能使跨国企业丧失扩大东道国市场的机会。而且，投资新厂带来的生产能力的增加不可避免地会加剧东道国市场竞争，并购则可以避免这一点。此外，如果并购对象生产的产品与并购者的产品存在差异时，并购行为会增加并购者的产品种类，拓宽其市场规模，为企业带来更多的利润。

（五）企业进行投资还需要考虑企业资产的变动

企业资产包括有形资产和无形资产，其中投建新厂可以获得有形资产，但品牌认知、研发技术、销售网络和上下游价值链等无形资产却无法在短期内获得。对此，并购不仅能快速地切入东道国市场，实现本土化生产经营，也能较为快速地传承市场信息、顾客关系等，而有些战略资产甚至就是企业进行并购的目标，如零售业的销售网络、科技企业的专利权、商标权等。2011 年，苹果对北电的收购有相当一部分原因是为了购买其公司所属专利。而这些无形资产需要慢慢培育和建设，以投资建厂的方式无法实现短期获取。很多企业的无形资产是其主要资产，因为其中包含了企业的核心竞争力，因此交易费用比较高。以并购的方式获得东道国企业的无形资产会提升并购者在东道国市场的竞争力，有利于其短时期内缩短与竞争对手差距，甚至拉大与竞争对手的差距。从这个方面讲，并购是比较优先的选择方式。

（六）重视企业文化和管理模式的差异性

企业进行对外直接投资时还需要综合考虑其自身的企业文化和管理模式。一个公司的管理风格和企业文化是长期形成的，包括经营理念、人力资源管理和组织构架等，这些决定了企业的管理模式和经营方法，在企业战略决策中具有关键作用。企业在进行对外投资前，要对自身特点有相当的了解，管理风格是稳健型还是创新型，对于决策指定是比较迅速还是比较迟缓，生产的产品的研发周期是漫长还是简短，企业的发展战略是横向还是纵向等，然后有选择地发挥自身特点，利用自身比较优势选择最为恰当的投资方式和投资对象。

企业的管理导向分为财务型和经营型。财务管理导向关注企业运行过程中的经济数据，通过分析来获得全面信息，然后在企业目标指导下对投资、运行、筹资和分红等进行管理，这种管理方式比较适合进行并购，因为企业运行中并购者可以运用经济数据进行控制。经营型管理比较偏重在制度层面对企业功能和经营过程进行规范，实施过程中对企业的经营绩效进行考量，在这种管理方式中对绩效的控制比较强，当采用并购行为时，因为绩效指标等因素的不同，常常会出现"并"而不"合"的情况，导致并购项目的整合效率比较低。

此外，具有相似文化背景的企业采取并购方式的可能性较大。这种企业在并购后的管理和文化融合等方面面临的障碍更少，更有利于并购后企业的进一步发展。而像 TCL 在国际化道路中对汤姆逊彩电部门的收购，就因管理问题和技术问题而导致后来的经营困难重重。

（七）分析并购可能带来的协调效应

并购可能因为协同效应而提高了企业效率。并购的协同效应指并购后企业效率大于并购前两个企业效率之和。两个企业合并后产生的规模经济、市场份额扩大、优势互补等因素提高了企业的生产经营效率。并购后生产规模的扩大降低了产品中固定资产比率，提高了产品收益率。如果是垄断性比较强的企业的并购，则无疑增强了企业的市场控制能力，为企业带来更多的垄断利润；以实现纵向一体化为目的的收购，则通过将企业产品外部流通成本转化为生产的中间环节，进而实现在降低交易费用的同时增强生产过程的配合，使生产活动更有效率；优势互补的并购能优化两个企业的资源配置，统一的组织结构能有效协调两个公司的优势环节，进而提升企业的生产效率。

总之，从跨国投资者角度来看，无论选择新建方式还是跨国并购方式，所考虑的只是本企业的利益，并不会考虑对东道国发展有何影响，因为跨国企业的目标和东道国的目标往往不完全一致。两种投资模式都有可能产生对东道国的正面影响或负面影响。无论以哪一种模式进入，跨国企业进入东道国后的竞争行为都将是相同的。

第二节　企业对外直接投资的不同进入模式比较

一、绿地投资与跨国并购

跨国企业以对外直接投资方式进入外国市场的最主要的模式有绿地投资和跨国并购两种。

（一）绿地投资

绿地投资又称为新建投资或创建投资，是指"跨国公司等投资主体在东道国境内依照东道国国家有关法律所设置的部分或全部资产所有权归外国投资者所有的企业"[①]。

绿地投资是早期跨国企业到海外拓展业务比较青睐的进入模式，具体而言，绿地投资有两种形式：一是建立国际独资企业，其形式有国外分公司、国外子公司和国外避税地公司；二是建立国际合资企业，其形式有股权式合资企业和契约式合资企业。到东道国开展绿地投资，

---

① 刘阳春. 中国企业对外直接投资动因与策略分析[M]. 广州：中山大学出版社，2009.

不仅会直接促进东道国生产能力的提高,还会促进产出和就业的增长,而且对东道国技术和管理水平的提升也有一定的帮助。因此,发展中国家一般都会采取各种类型的优惠措施来吸引来自发达国家的跨国企业到本国开展绿地投资。

（二）跨国并购

跨国并购是跨国兼并和跨国收购的总称,是指"一国企业（又称为并购企业）为了达到某种目标,通过一定的渠道和支付手段,将另一国企业（又称为被并购企业）的所有资产或足以行使运营活动的股份收购下来,从而对另一国企业的经营管理实施实际的或完全的控制行为"。其实质就是涉及两个以上国家或地区的企业间的合并与收购。

根据联合国贸易与发展会议的定义,跨国并购包括以下两种情况:一是外国企业与境内企业的合并;二是并购企业通过收购被并购企业10%以上的股权,从而使其资产和经营的控制权转移给并购企业。关于不同类型的跨国并购详见图7.1。

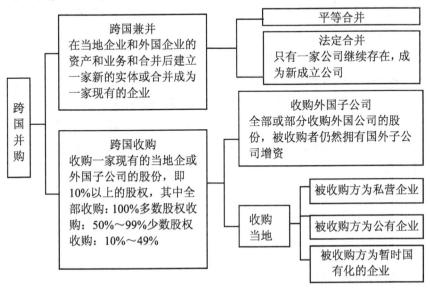

图 7.1　跨国并购类型图示

二、绿地投资与跨国并购模式的对比

（一）短期分析

尽管并购和绿地投资两种不同的对外直接投资模式都能够为东道国带来来自投资母国的金融资源，但并购方式所提供的金融资源并非总是能够增加东道国生产资本的存量，通过绿地投资的模式，资产才可能会增加。而且，当以并购方式进入东道国时，有时可能造成大面积的裁员，而相比较而言，绿地投资的进入模式可能会带来就业率的增加。

（二）长期分析

并购和绿地投资两种进入模式在长期是否能够创造就业，取决于投资者进入的动机和目的，而并非取决于进入模式。从东道国角度来看，之所以需要引入外商直接投资，其目的就是为了能够在某些产业或行业中引入新的资本，有利于当地经济多元化发展。而在实践中，不论是绿地投资还是并购都能够为东道国带来生产、经营、管理等多方面的互补性资源。

随着当前经济的发展，跨国并购成为跨国企业在参与全球竞争时更倾向于进入模式，而绿地投资在对外直接投资中所占比重已经有所下降。随着经济全球化的进一步发展，这种趋势还将更加突出。

总之，新建投资和跨国并购的进入模式都有其各自的特点，通过表 7.1，我们可以更为系统和清晰地将绿地投资与并购的特点进行对比。

表 7.1　跨国企业对外直接投资进入模式对比

特点＼进入方式		绿地投资	并购
进入障碍	法律障碍	不易受到东道国法律和政策上的限制。因为新建企业可以为当地带来更多的就业机会并增加税收	易受东道国法律政策的限制，如反托拉斯法、对外来资本股权和被并购企业的行业限制等
	筹建工作	建筹工作量大、周期长、速度慢	避免建设厂房、办公用地，建设周期短
	舆论障碍	不易受到当地舆论的抵制	易受当地舆论的抵制，尤其是并购金额较大时
进入手续		比并购企业的手续简单	比创建海外企业的手续烦琐
进入手续完成后的后续工作		较简单，没有旧企业遗留的问题	较烦琐，有旧企业的遗留问题，管理上协调困难
管理能力		面临管理方式与东道国管理不适应，管理人员和技术人员匮乏的问题	容易获得原企业的管理和人才等资源，但也面临由于文化差异而带来的人事管理或财务控制不当的问题
成本因素		对新创企业的资金实力要求较高；对创建新企业所需资金一般能做出较为准确的判断	对跨国企业的资产估价方面有较高要求；评估现有企业时，要考虑多种成本因素，价值评估存在困难，容易存在资产高估风险
市场份额		市场份额将重新分配，市场竞争激烈、不确定性和风险都较大	能够获得被并购企业的市场份额和分销渠道，因而进入目标市场比较快；不确定性和风险较小
市场竞争		市场竞争的激烈程度增加	市场上的竞争对手可减少

进入方式 特点	绿地投资	并购
政策待遇	新建企业，尤其是合资企业可享受东道国的优惠政策	在享受优惠政策方面往往不如新创企业
经营能力	无法像并购方式一样利用原有目标企业的资源，增强经营能力；商标、信誉、市场开发等不确定性大	可利用目标企业原有的各项资源，包括销售渠道、人员、设备，甚至重要的无形资产
新企业的资产运作内容	无法像并购方式一样通过出售新企业的部分股票或资产来获利	并购后可再次出售目标公司的股票或资产，从而获得更多利润

资料来源：（1）熊小奇. 当代跨国公司风险防范[M].北京：经济科学出版社，2004：20.（2）曾忠禄. 中国企业跨国经营：决策、管理与案例分析[M].广州：广东经济出版社，2003：172.（3）刘慧芳. 跨国企业对外直接投资研究[M].北京：中国市场出版社，2007：100.

第三节　企业对外直接投资进入模式选择策略

通过以上对跨国企业对外直接投资进入外国市场的模式选择的分析，根据本书的研究框架，分别就我国对发达国家、发展中国家和欠发达国家的对外直接投资的进入模式策略进行分析。

一、对发达国家的投资以并购为主

相对于中国而言，发达国家无论是平均工资水平还是土地使用成本等都比较高，如果到发达国家开展劳动密集型行业的投资势必会降低企业的竞争优势，同时也与中国企业的生产技术与管理水平现状不符合。根据第五章的东道国决定因素分析，到发达国家投资，主要目的是利用和开拓东道国更为庞大的消费市场和获取东道国更具优势的资源。而发达国家恰恰拥有更为先进的技术和管理经验，对发达国家的投资主要就是为了获取这一有利资源。

在对发达国家开展投资时，对于外汇资源相对较为充裕的企业来说，无论从进入速度的把握与控制、优势资源的获取，还是从降低进入风险、减少进入障碍的角度来看，并购方式都是更为合适的进入模式。企业在开展对外直接投资时，必须尽可能地在最短的时间内以更加高效的方式组织资源、安排生产。而并购可以较好地实现双方竞争优势的转移。同时，还可以培育新的竞争优势，从而为企业创造来自诸如企业规模的扩大、经营管理经验的共享、营销渠道的全面覆盖、市场份额的增加以及多角化经营等多方面的新价值。也就是说，通过对发达国家的并购，实现对其竞争优势的不断消化和吸收，进而改进和创新，最终为企业创造出新的竞争优势。

此外，由于发达国家往往具有先进的科学技术和更为开放与活跃的资本市场，因此在股权安排与分配方面，也可以使用合资的方式开展直接投资，这样将有利于对合资方所拥有的技术和管理经验进行合理的学习、吸收与引进。

但是，能够开展并购方式投资的前提是东道国必须存在可供并购的企业，如果这一前提条件不存在，则只能考虑其他的进入模式。可行的方式包括在东道国创建研发机构等。这些机构主要从事对新产品、新工艺的研究、开发与利用。通过这样的投资进入模式实现对东道国高水平人力资源、管理经验和先进技术的充分有效利用。此外，如果条件允许，还可以进一步考虑与一些东道国的研发机构建立战略同盟或联盟，共同从事高新技术的研发工作。这样，既可以实现优势互补，还可以共同承担风险。

二、对发展中国家的投资以新建为主

我国对发展中国家开展直接投资时，从众多发展中国家自身的政治、经济角度考虑，在来自投资国的股权安排和企业并购等方面，往往会存在政策制约与限制，此时，新建投资可能更受欢迎，成为更加有效的进入模式。在经过了多年的经济建设后，一些发展中国家的经济有了很大改善。在亚洲，出现了"四小龙"和"四小虎"；在非洲，尽管局部地区依然存在动乱情况，但很多国家的经济已趋于稳定；在拉丁美洲，以墨西哥、巴西、阿根廷为代表的国家均实现了经济的高速增长。与这些国家相比，来自中国的企业在边际产业转移型投资方面一般都具有比较优势，主要体现在生产技术更为成熟，同时中国国内这些行业的制造能力过剩、竞争异常激烈等。在这种情况下，开展对外直接投资对于企业而言很可能是唯一可行的出路。对于一些刚刚开放的国家，如越南等，其劳动力的使用成本往往低于中国某些工业发达地区，并且对于制成品的市场需求有限，国家整体收入水平不高，大规模的生产技术未必能施展其优势，相反一些小规模技术却可以取得规模经济效益，这也恰好迎合了中国一些企业的投资需求。对于一些拉丁美洲和非洲国家的投资，则更倾向于自然资源（森林、矿产等资源），而这些国家出于经济发展的考虑，纷纷出台各类优惠政策，使得中国企业的新建投资成本和风险有所降低。当然，一些东南亚国家，由于有着较强的独立意识，并且对投资本国的股权比例也有着较为严格的限制，因此在对这部分发展中国家投资时，适当选择少数股权投资比较适合。

总体看来，当企业确定投资目标时，应依据企业自身条件选择、利用东道国资源，在进行项目筹建时，要明确目标市场，并对投资项目进行充分、必要的可行性分析。当然，随着很多发展中国家的经济改革，对于外来投资者的态度也不再像从前那样排斥和严格限制，而逐渐向适当限制和鼓励转变。中国企业在对不同发展中国家投资时，也应时刻注意东道国的政策转变并及时地做出反应。

三、对欠发达国家的投资可采取外包方式

近几年，承接服务外包的发展中国家数量激增，已成为全球服务外包市场上的重要承接方。而一些位于拉丁美洲、亚太地区的欠发达

国家服务外包行业也开始迅速发展，逐渐成为服务外包行业发展的重要引擎。许多中小贫困、落后国家，如柬埔寨、肯尼亚、斯里兰卡等，国内的服务外包行业得到了飞速的发展。例如，2010 年，斯里兰卡信息科技和专业与商务外包产业产值达到 3.9 亿美元，同比增长了 25%，目前国内从业人员达到 35000 人，相关企业达到 150 家[①]。

因为劳动力成本、人力资源等方面的劣势，发达国家的服务外包行业的竞争力正在逐年下降。截至目前，前 30 强中的绝大部分都是发展中国家。2010 年，TPI[②]离岸外包前 10 强中，发展中国家已经与发达国家平分秋色，各占一半，印度已经成为全球第一。因此，发达国家的服务外包行业已经不占优势。目前全球服务外包行业承接地已经进入新的发展状态，发展中国家独占鳌头。但一些发展中国家（如中国等），其劳动成本低廉的优势也正在减弱，因此对于中国企业而言，在对欠发达国家投资时，外包已成为比较理想的投资形式。

四、对自然资源寻求型直接投资的方式应以合资为主

如前文分析结果，中国企业的对外直接投资具有较强的资源寻求性，同时自然资源寻求型投资也符合中国经济发展中所提出的“利用两种资源，开拓两个市场”的战略目标。由于石油、矿产等自然资源多集中分布在发展中国家，而对于一般的自然资源开发，各国又都有着严格的管理和限制。同时，对于涉及资源开发的项目，一般投资额都较为巨大。在这种情况下，采用合资方式投资将有利于分担投资国企业的资金占用，使得投资企业与东道国建立长期、稳定的合作机制，更好地实现风险共担和资源共享。

当然，无论在投资进入模型选择中采取新建方式还是并购方式，这两种模式的区分并非是绝对的，也并非是一成不变的。

---

① 《2012 全球服务外包发展报告》。

② TPI（Technology Partner International）是国际顶尖的服务外包咨询公司，于 1989 年在美国成立，2007 年被美国上市公司 Information Services Group（ISG）收购。

第八章　结论与政策建议

第一节　主要研究结论

通过先前章节的研究，本书在充分结合中国对外直接投资实践的基础上，从中国对外直接投资的发展阶段、动因、决定因素和投资进入模式战略选择等方面展开了理论分析和实证研究，主要得出以下结论。

一、关于中国对外直接投资发展阶段的检验

根据邓宁投资发展周期理论的假设，以及本书对中国对外投资发展阶段的实证研究显示，中国对外直接投资的发展轨迹符合投资发展周期理论所提出的"U"形曲线分布，并且中国目前正处于投资发展周期的第三阶段，且已进入第三阶段中期，尽管对外直接投资开始显著增加，但与外商直接投资规模相比，缺口仍然较大，净对外直接投资依然为负值。但是，根据投资发展周期理论，在此阶段中国的对外直接投资开始迅速增加，其增速有可能超过外资流入的增速，直至进入第四阶段，即对外直接投资超过外资流入。

二、以中国为代表的发展中国家对外直接投资具有不同于发达国家理论的特点

通过回顾和总结中国对外直接投资发展历程和发展特征，结合已有文献对中国对外直接投资发展阶段的判定，本书认为中国的对外直接投资具有其自身特征。具体体现在：

第一，中国的经济体制兼具市场经济与计划经济双重特征。因此，中国企业的对外直接投资在较大程度上受到国家经济战略的影响。第二，由于中国是实行严格的资本管制的国家，因此企业参与对外直接投资的相关活动往往受到政府职能部门的管理和制约。第三，庞大的外汇储备为中国企业开展对外直接投资提供有力的资金保障。第四，作为经济大国，中国同时开展对发达国家和发展中国家的对外直接投资。第五，由于近年来中国经济的飞速发展，开展对能源开采行业的投资往往会造成东道国诸如政治、经济方面的心理负担，使其对来自中国的对外直接投资存在戒备心理。同时其对自身国家安全和对本国特殊资源有关行业的保护，会影响东道国对对外投资的吸收和接受，尤其会使其加大对稀缺资源行业的保护力度。

三、从宏观和微观两个层面构建对外直接投资理论框架

不论是传统的来自发达国家的对外直接投资理论还是发展中国家的对外直接投资理论，人们总是试图寻求一个可以适用于不同类型经济体的对外直接投资理论。事实告诉我们，在现实中，由于各国（地区）在经济发展水平、经济体制以及要素禀赋等多方面存在差异，因此要找到一个对各个经济体的对外直接投资都适用的理论是非常困难的，这个一般性规律很难找到。正是基于这样的考虑，我们开始尝试构建能够体现中国经济发展特色的，适合于中国的对外直接投资理论。

在宏观层面，本书在构建中国对外直接投资理论模型时，主要考虑以下三个方面：首先是企业开展对外直接投资的原因；其次是企业

开展对外直接投资需要具备哪些条件；最后是企业如何进行对外直接投资。最终建立了理论框架，并表明企业为保证净利润最大化，主要涉及四方面的制约：来自市场交易环节的产品单价（P）和销售数量（Q）、来自生产过程的成本（C）和税金（T）。

在微观层面，本书基于扩展的 Helpman 等（2004）的理论框架以及企业异质性理论构建对外直接投资企业决定因素的理论模型。通过模型推导，我们可知对于异质性企业，企业的生产率水平对于开展对外直接投资具有重要的影响，也就是说，只有当其生产率水平达到某一特定阈值时，企业才有可能开展对外直接投资，且生产率水平越高的企业越倾向于开展对外直接投资。

四、中国对外直接投资东道国决定因素

当前中国"走出去"战略的实施表现在对外直接投资总额的快速增长、投资规模不断扩大、投资区位选择多样以及投资模式丰富等方面。与起源于发达国家传统的对外直接投资理论和跨国公司理论相比，发展中国家的对外直接投资动因有着自身的特征。而中国作为发展中国家的典型代表，分析其对外直接投资动因特征及模式显得尤为重要。本书建立在 2000 年党的十五届五中全会上正式明确提出"走出去"战略以来，对中国企业对外直接投资模式的分析上，重点关注中国企业对外直接投资动因理论、模式及其影响程度。创新地从投资战略和对不同性质东道国投资动机的角度，分析并提出对不同的东道国类型应采取的对外直接投资模式，并对中国今后的对外直接投资发展提出相关建议。

五、中国对外直接投资母国决定因素

之所以对中国企业的对外直接投资开展母国因素的研究，其目的就是为构建中国对外直接投资理论框架提供实证检验依据。在母国决定因素的实证检验中，我们相应地从宏观与微观两个层面展开

计量回归。

宏观层面实证研究结果表明，以下三方面的因素对于中国对外直接投资影响相对较大：首先是能源消费因素，伴随着中国近年来经济的高速发展，中国企业对于海外能源越来越具有依赖性，因此通过寻求海外能源保证对国内生产生活所需能源的稳定供应，已经成为当前中国对外直接投资的重要驱动力。其次是改革开放所带来的较高的对外贸易依存度，不仅为市场带来供给增加，还起到平抑价格的作用，并为国内企业创造外汇提高收入开辟道路，同时也促进了中国的对外直接投资。第三，庞大的外汇储备对中国对外直接投资起到极大的贡献作用。中国外汇储备充裕，为企业开展海外投资提供了有力的资金保障。

微观层面的实证研究结果表明：首先，生产率对于企业选择是否开展对外直接投资具有重要作用。企业生产率水平越高，拥有的劳动和资本等要素越丰裕，则越倾向于到国外投资。其次，企业的资本密集度、利润率、负债利息率和企业出口强度等其他因素也影响企业的对外直接投资决策。其中，出口强度影响作用最为突出。最后，国有制企业的投资动机表现出一定的效率寻求性，并且目前依旧存在生产率水平的国有企业向发达国家投资的情况，而对于外资企业则是生产效率高的企业向发达国家投资。

第二节　政策建议

一、政府的政策支持、监管与服务并重

中国政府鼓励企业对外直接投资的目的在于充分利用两种资源、两个市场，即通过在国际市场范围内有效地配置资源，从而获得更大的经济利益。由政府提出并出台相应政策措施，鼓励本国企业"走出

去"，在工业化国家尚没有先例，因为发达国家的对外直接投资大多是企业的自发行为，并非政府鼓励的结果。

中国企业受政府的影响比较大。中央和各级地方政府的高度重视往往容易形成一哄而上，盲目地定指标、下计划，层层考核，使本应由市场推动的事情成为由政府主导的一场运动。企业容易充满热情，同时也容易产生盲目性。因此，建议政府和企业都时刻保持冷静和慎重。对外直接投资不能单凭热情，而应冷静分析判断、科学理性决策。以市场为导向，以企业为主体才是中国改革的方向。对于具体企业来说，该不该对外直接投资、应该如何对外直接投资等问题，应该由企业自己来判断，而不是通过政府来施加影响。

在对外直接投资的鼓励和促进政策中，建议不必过分强调规模。规模大的企业可以通过对外直接投资获得收益，规模小的企业也一样可以。对外直接投资的关键在于投入和产出的比例，在于投资是否赢利。

在投资区位的选择上，如果政府进行统一而泛泛的指导，比如推断中国企业应当到发达国家或发展中国家去投资、到北美国家或欧盟国家去投资是比较危险的。因为企业对外直接投资是一个很复杂的决策过程，需要考虑很多因素。不同行业、不同产业、不同企业的具体情况会对应不同的区位选择。

在有关对外直接投资主体的政策上，对国有企业和私营企业应一视同仁，这将更符合中国国家的整体利益。政府不需要划分中国企业对外投资应该以国有企业为主，还是以私营企业为主。私营企业和国有企业的对外直接投资中有成功的，也有失败的。判断企业能否对外直接投资的标准在于这个企业是否具备对外直接投资的竞争力，而不在于其所有权性质。

二、提高对外直接投资管理的效率

根据企业净利润最大化原则，企业的目标有时可能与政府的目标相左，政府需要适当调控企业行为，使之与社会经济目标尽可能保持一致。而中国尚未出台一部较完善的对外投资法，也未形成完善的对外投资法律体系。加强对外投资立法，通过立法工作，可以事前对对外投资项目进行审批，在投资过程中给予相应的服务和指导，做到全面监管，使得国有企业和民营企业都能在法律的监督保护和规范中进行投资活动。立法也使得政府监管部门能够对监管范围、监督程度有更加明确的认识，从而可以切实可行地全面管理对外投资活动。

在对外直接投资管理中，建议政府提升对境外投资活动的管理能力，各种手段相结合。改革现有的重审批、轻管理的管理办法。以管理机构的集中化代替管理机构的多元化、分散化，提高办事效率，合理有效地利用各类管理资源。

建议政府增加审批制度的透明度，有条件地放宽对境外投资的管制，通过简化程序、弱化行政审批等方式进一步提高审批效率，为国内优势企业进行对外投资创造更加便利的条件。对于企业的投资决策，应减少行政方面干预，除特殊领域外，不以审批的方式阻碍其投资，应由企业自主决策，实行报备制。确实需要保留审批的，尽量精简审批内容，减少审批环节。

建议政府健全对外投资的监管机制，进一步完善相应的年检制度和统计制度，以促进中国跨国企业的成熟与发展。

三、对外投资保障

在维护国家安全和经济安全的基础上，政府还应当保障境内投资者和境外投资者经济活动的合法权益。因此，为切实维护国家利益，我们建议政府增强国际合作，积极参与区域经济合作，通过多边谈判增强国家间政策协调能力，加强双边投资保护协定和避免双重征税协定的商签、修改和实际履行地工作，特别是加强尚未与中国签订这两类协定的众多发展中国家的合作，减少和排除企业投资活动的壁垒，提高对外投资的便利化程度，从而保障和实现中国对外投资企业的经济利益。同时，政府应加强对企业的指导服务，为企业做好已有的国际公约的宣传普及工作，如多边投资担保公约、多边投资争端解决公约等，使得企业能够在投资前根据已有的法律条款做好相应的风险预警，在投资中获得多边担保公约的支持，并在争端发生时合法地维护自身的商业利益。

中国的外交资源是一笔巨大的财富。建议政府在已有的外交资源基础上，利用恰当的外交手段，为"走出去"的企业建立投资协助机制，努力为其提供安全公平的商业环境。

四、完善政府信息服务

建议政府加强对企业对外直接投资的信息服务和宏观指导。政府可以建立企业涉外投资业务的信息库，及时利用信息交流平台发布企业所需要的政府服务信息和投资指南；驻外商务机构可以加强对国内企业海外投资的服务与指导，为有开展对外投资需求的企业提供及时而有价值的信息，以解决企业信息不对称的难题。总之，企业对外投资需要了解国外市场，而相关外国企业和政府等也需要了解将要开展投资的企业，政府应做好相关信息的服务工作，包括政策解读、市场条件等，增强双方的沟通了解，进而扩大双方的合作深度和范围，从而促进中国对外投资的整体发展。

政府也可以成立专门的对外投资中介机构，为中国企业提供国外投资环境的信息，如各国政治、经济、文化风俗的介绍，关于这一点，中国商务部已在网站上建立了相应信息平台，但是目前尚缺少对当地政策、法律法规、相关程序的解读；引荐合作伙伴和投资项目，并提供相应的技术层面的服务，如可行性报告、项目建议书等。

五、金融支持

投资主体进行对外直接投资首先需要有资金来源。建议政府适度放宽对境外投资企业使用外汇的限制，使其有更大的自主决策权；允许跨国企业购汇进行跨境资金运作，包括补充其境内外企业的流动资金。建议政府支持中国金融企业在国外的分支机构为中国企业的对外投资提供各种服务；支持跨国企业采取多种融资方式在境内外获得国际化发展所需的资金，包括可以在国际资本市场上通过海外企业贷款、国际金融租赁、项目抵押贷款等渠道融通资金。

对于高新技术领域、制造业等符合国家战略发展规划的产业，国家应在贷款方面提供优惠和支持，以实现国家的宏观经济利益。也可以增加企业外汇留成比例，为企业在境外获得银团贷款、租赁提供担保。

在保险方面，以往仅对一般意义上的出口信用保险给予一定的业务支持。我们建议政府提供更完善的风险保障，可以为企业设立对外投资政策性保险等非商业保险，为企业的投资行为提供保险支持。

六、税收支持

建议政府对各项涉及对外直接投资的税收政策进行明确的规定，适当处理税收优惠与政府税收收入的关系，权衡近期利益和远期利益，能够在最大限度节约资源的基础上，为对外直接投资活动提供税收支持。为了保障经济的长远发展和发展的可持续性，政府应积极学习和利用国外科学的税收手段，通过远期扩大税源的方式弥补政府当期的财政税收损失。

建议政府首先明确税收优惠的享受原则，对征税对象认真审核，切实保障税收优惠的合理实施，给予真正需要的企业优惠支持。同时为了避免因道德风险引起的企业利用税收优惠而发生资金外逃的情况，建议政府在制定对外直接投资企业税收优惠政策时，参考现行的对外资的税收优惠政策，科学制定相关条款，保证优惠规定的完整性和科学性。

七、对企业进行对外直接投资的相关培训

虽然很多中国企业对对外直接投资充满热情，但现实中大多企业还缺乏对外直接投资的知识和能力，更缺乏对外直接投资的经验，因此建议政府有关部门充分调动各个方面的力量，对企业进行相关的培训，包括国内外政治、经济、法律、政策、市场、金融、税收、社会文化习俗以及对外直接投资决策等方面。

八、考虑优先支持的产业

在对外直接投资发展初期，政府的鼓励和支持，需要有选择地分批进行。

第一，领先型产业。中国有一些产业，如航空航天工业、材料工业、生物工程、建筑工业等具有世界领先水平，即使同发达国家相比也具有明显优势，建议政府通过政策措施鼓励支持这些产业尽快占领世界市场。

第二，资源型产业。相对于世界平均水平，中国的人均自然资源拥有量很低。但随着中国经济的快速发展，中国对资源的消耗逐渐增多，需求量不断增大，很多战略性资源如金属矿产资源、石油等不得不大量地依赖进口。这种单纯的进口比较容易受到国际关系的影响，相对来说对资源型产业的投资就显得愈加重要，因为其既能以较低的成本获取，又能防止资源危机的发生。

第三，成熟型产业。对外投资国内发展比较成熟的产业，不仅能利用成熟的产品生产在国外获得竞争优势，还能转移国内过剩产能，促进国内产业结构的调整。

第四，关联效应大的产业。对外直接投资活动对母国的产业结构和产业技术发展会产生带动作用，海外子公司与国内企业之间的关联度越大、所发生的产业内贸易越多，对国内的正面影响就越大，即对外投资活动能够反过来带动相关产品的出口，拉动出口增长。例如，

家用电器、摩托车、金属制品等加工组装型制造业的对外投资，就能对扩大出口起到很好的带动作用。

第五，有潜力的产业。目前中国在技术密集型产业方面的竞争优势不是很明显，而这类产业一般技术含量高、产品附加值高，也有很强的技术壁垒。企业在技术资源密集的地方投建新厂或研发机构，能够直接利用当地的智力资源和技术溢出，学习掌握先进技术，从而拓宽企业获得技术的渠道，增强企业竞争力。

第三节　进一步研究方向

作为中国对外经济合作的焦点之一，如何更快更好地推进和发展中国对外直接投资成为当前国内外学者探讨的重要议题，深入研究中国对外投资模式和决定因素等问题具有重要意义。本书在梳理有关对外直接投资理论研究的基础上，结合中国对外直接投资实践，构建以中国为代表的发展中国家的对外直接投资理论框架，全面系统分析中国对外直接投资特色和中国对外直接投资的发展阶段，从东道国和母国视角分别总结影响中国对外直接投资的动因、决定因素并分别展开实证检验，最后，对对外直接投资进入模式战略选择进行了较为详尽的理论分析。

尽管，当前中国对外直接投资已处于快速发展阶段，但是作为前沿问题研究，再加上笔者的能力与精力有限，文中难免存在诸多有待解决的问题。具体来说，需要进一步研究的问题包括：

第一，实证检验中的数据处理有待进一步完善。从某种意义上说，在微观层面上对于企业生产率水平的测算方面，由于数据的局限性，我们并未使用 TFP 测算法对样本企业的生产率水平进行计算，只是根据前人理论用代理变量进行表示。在今后的研究中，笔者将尽可能尝试选择更为合适的数据样本进一步对本书的结论进行实证检验，当然，这一研究的实现需要依托更多、更为详尽的企业数据进行实证分析，尤其需要中国商务部、统计部门等有关单位的支持。

第二，在对外直接投资母国决定因素的理论分析中，本书研究基于 Helpman（2004）的企业异质性理论。在理论模型构建中，我们只考虑了生产率对企业选择开展对外直接投资决策的影响，其他影响因素如劳动、资本、资本密集度、利润率、负债利息率、出口强度、投资收益率等并未融入模型框架的分析中。这也将是笔者今后理论研究的一个努力方向。

第三，由于数据限制、考察偏重以及个人能力等多方面因素的影响，本书没有对生产率与企业对外直接投资选择的反向因果关系进行更为深入的探讨。也就是说，对于目前企业异质性理论颇具争论——即究竟是生产率水平决定企业对外直接投资，还是企业开展对外直接投资之后提高了生产率，这一问题也将是笔者在未来的研究中必须关注与克服的重要问题。

第四，受到数据局限性的影响，本书对于中国企业对外直接投资决定因素的实证检验是从宏观层面（国家层面）和微观层面（企业层面）进行计量回归的，关于中观层面（行业层面）的分析并未涉及。而从中国对外直接投资行业分布情况来看，行业层面的差异研究也是十分必要的，当然这也将是我们进一步努力的方向。

参考文献

[1] 白洁. 对外直接投资的逆向技术溢出效应——对中国全要素生产率影响的经验检验[J]. 世界经济研究, 2009（08）: 65-69, 89.

[2] 卜伟, 叶广辉. 我国对外直接投资政策研究[J]. 国际贸易问题, 2004（08）: 57-59, 63.

[3] 陈恩, 王方方. 中国对外直接投资影响因素的实证分析——基于 2007—2009 年国际面板数据的考察[J]. 商业经济与管理, 2011（08）: 43-50.

[4] 陈琳, 林珏. 外商直接投资对中国制造业企业的溢出效应: 基于企业所有制结构的视角[J]. 管理世界, 2009（09）: 24-33.

[5] 陈柳, 刘志彪. 本土创新能力、FDI 技术外溢与经济增长[J]. 南开经济研究, 2006（03）: 90-101.

[6] 程慧芳, 阮翔. 用引力模型分析中国对外直接投资的区位选择[J], 世界经济, 2004（11）: 23-30.

[7] 崔家玉. 中国对外直接投资的动因[J]. 大连海事大学学报（社会科学版）, 2010（03）: 12-14.

[8] 代中强. 我国三大经济圈内企业对外直接投资动因实证分析[J]. 国际经贸探索, 2009（02）: 45-49.

[9] 丁婉玲. 中国制造企业对外直接投资的动机与进入模式研究[D]. 杭州: 浙江大学, 2011.

[10] 杜凯, 周勤. 中国对外直接投资: 贸易壁垒诱发的跨越行为

[J]. 南开经济研究，2010（02）：44-63.

[11] 樊瑛. 国际服务贸易模式与服务贸易自由化研究[J]. 财贸经济，2010（08）：76-82.

[12] 冯赫. 为什么投资欧洲[J]. 中国企业家，2005（13）：56-57.

[13] 高敏雪，李颖俊. 对外直接投资发展阶段的实证分析——国际经验与中国现状的探讨[J]. 2004（01）：55-61.

[14] 葛顺奇，罗伟. 中国制造业企业对外直接投资和母公司竞争优势[J]. 管理世界，2013（06）：28-42.

[15] 官建成，王晓静. 中国对外直接投资决定因素研究[J]. 中国软科学，2007（02）：59-65.

[16] 贺书锋，郭羽诞. 中国对外直接投资区位分析：政治因素重要吗[J]. 上海经济研究，2009（03）：3-10.

[17] 黄保东. 中国企业对外直接投资动因和区位的国外研究述评[J]. 经济社会体制比较，2010（02）：189-194.

[18] 黄静波，张安民. 中国对外直接投资主要动因类型的实证研究——基于1982—2007年的外向投资流向分析[J]. 国际经贸探索，2009（07）：4-10.

[19] 黄璞生，王瑞林. 企业投资收益分析[J]. 中国管理科学，1994（03）：38-43.

[20] 蒋冠宏，蒋殿春. 中国对外投资的区位选择：基于投资引力模型的面板数据检验[J]. 世界经济，2012（09）：21-40.

[21] 赖明勇，张新，彭水军，包群. 经济增长的源泉：人力资本、研究开发与技术外溢[J]. 中国社会科学，2005（02）：32-46.

[22] 李春顶. 出口贸易、FDI与我国企业的国际化路径选择——新贸易理论模型扩展及我国分行业企业数据的实证研究[J]. 南开经济研究，2009（02）：15-28.

[23] 李春顶. 新—新贸易理论文献综述[J]. 世界经济文汇，2010（01）：102-117.

[24] 李东阳. 对外直接投资与国内产业空心化[J]. 财经问题研究，2000（01）：56-59.

[25] 李逢春. 对外直接投资的母国产业升级效应——来自中国省际面板的实证研究[J]. 国际贸易问题，2012（06）：124-134.

[26] 李辉. 经济增长与对外投资大国地位的形成[J]. 经济研究，2007（02）：38-47.

[27] 李梅，柳士昌. 对外直接投资逆向技术溢出的地区差异和门槛效应——基于中国省际面板数据的门槛回归分析[J]. 管理世界，2012（01）：21-32，66.

[28] 李梅. 人力资本、研发投入与对外直接投资的逆向技术溢出[J]. 世界经济研究，2010（10）：69-75，89.

[29] 李佩璘. 新兴经济体对外直接投资研究[D]. 上海：上海社会科学院，2010.

[30] 李泳. 中国企业对外直接投资成效研究[J]. 管理世界，2009（09）：34-43.

[31] 林青，陈湛匀. 中国技术寻求型跨国投资战略：理论与实证研究——基于主要10个国家FDI反向溢出效应模型的测度[J]. 财经研究，2008（06）：86-99.

[32] 刘海洋，汤二子. 中国制造业企业利润来源及其作用：2005—2008[J]. 科学学与科学技术管理，2012（03）：140-148.

[33] 刘慧芳. 跨国企业对外直接投资研究[M]. 北京：中国市场出版社，2007.

[34] 刘阳春. 中国企业对外直接投资动因理论与实证研究[J]. 中山大学学报（社会科学版），2008（03）：177-184，209-210.

[35] 罗良文. 对外直接投资的就业效应：理论及中国实证研究[J]. 中南财经政法大学学报，2007（05）：87-91.

[36] 马亚明，张岩贵. 技术优势与对外直接投资：一个关于技术扩散的分析框架[J]. 南开经济研究，2003（04）：10-14+19.

[37] 欧阳艳艳. 中国对外直接投资逆向技术溢出的影响因素分析[J]. 世界经济研究，2010（04）：66-71，89.

[38] 欧阳峣. 基于"大国综合优势"的中国对外直接投资战略[J]. 财贸经济，2006（05）：57-60.

[39] 潘颖，刘辉煌. 中国对外直接投资与产业结构升级关系的实证研究[J]. 统计与决策，2010（02）：102-104.

[40] 邱立成，王凤丽. 我国对外直接投资主要宏观影响因素的实证研究[J]. 国际贸易问题，2008（06）：78-82.

[41] 唐宜红，林发勤. 异质性企业贸易模型对中国企业出口的适用性检验[J]. 南开经济研究，2009（06）：88-99.

[42] 田巍，余淼杰. 企业生产率和企业"走出去"对外直接投资：基于企业层面数据的实证研究[J]. 经济学（季刊），2012（02）：383-408.

[43] 王方方，赵永亮. 企业异质性与对外直接投资区位选择——基于广东省企业层面数据的考察[J]. 世界经济研究，2012（02）：64-69.

[44] 王国顺，来特. 企业国际化成长的内部化理论述评[J]. 中南大学学报（社会科学版），2006（01）：56-61.

[45] 王晓红. 当前国际分工的新变化与发展趋势[J]. 中国社会科学院研究生院学报，2008（08）：131-135.

[46] 项本武. 东道国特征与中国对外直接投资的实证研究[J]. 数量经济技术经济研究，2009（07）：33-46.

[47] 项本武. 中国对外直接投资：决定因素与经济效应的实证研究[M]. 北京：社会科学出版社，2005.

[48] 谢康. 试论中国对外直接投资的动因及措施[J]. 世界经济研究，2003（8）：12-16.

[49] 谢千里，罗斯基，张轶凡. 中国工业生产率的增长与收敛[J]. 经济学（季刊），2008（03）：809-826.

[50] 宿玉海，宋凡. 日元升值、经济泡沫破灭及对中国的启示[J]. 宏观经济研究，2010（06）：71-74.

[51] 阎大颖，洪俊杰，任兵. 中国企业对外直接投资的决定因素：基于制度视角的经验分析[J]. 南开管理评论，2009（06）：135-142，149.

[52] 余淼杰. 加工贸易、企业生产率和关税减免——来自中国产品面的证据[J]. 经济学（季刊），2011（04）：1251-1280.

[53] 张本波. 我国劳动力成本上升的因素和影响[J]. 宏观经济管理，2008（08）：40-42.

[54] 张建红，周朝鸿. 中国企业走出去的制度障碍研究——以海外收购为例[J]. 2010（06）：80-91.

[55] 张为付，李逢春. 对外直接投资决定因素的演进——FDI决定理论研究新进展［J］，国际贸易问题，2011（04）：162-175.

[56] 张为付，武齐. 我国企业对外直接投资的理论分析与实证检验[J]. 国际贸易问题，2007（05）：96-102.

[57] 张维迎. 企业家与职业经理人：如何建立信任[J]. 北京大学学报（哲学社会科学版），2003（05）：29-39.

[58] 张新乐，王文明，王聪. 我国对外直接投资决定因素的实证研究[J]. 国际贸易问题，2007（05）：91-102.

[59] 张新乐，王文明，王聪. 我国对外直接投资决定因素的实证研究[J]. 国际贸易问题，2007（05）：91-95，102.

[60] 张应武. 对外直接投资与贸易的关系：互补或替代[J]. 国际贸易问题，2007（06）：87-93.

[61] 张幼文. 我国外贸依存度提高的影响与对策[J]. 国际贸易问题，2004（08）：5-11.

[62] 张远鹏，杨勇. 中国对外直接投资区位选择的影响因素分析[J]. 世界经济与政治论坛，2010（06）：34-46.

[63] 赵美英，李春顶. 我国对外直接投资发展状况及影响因素实证分析[J]. 亚太经济，2009（04）：81-85.

[64] 宗芳宇，路江涌，武常岐. 双边投资协定、制度环境和企业

对外直接投资区位选择[J]. 经济研究，2012（05）：72-82.

[65] A, Gani. Governance and foreign direct investment links: evidence from panel data estimations[J]. Taylor & Francis，2007(04): 753-756.

[66] Alan M. Rugman.Inside the multinationals: The economics of internal markets [M]. New York: Columbia University Press,1981.

[67] Andrea Bonaccorsi. On the Relationship between Firm Size and Export Intensity[J].1994(04): 605-635.

[68] Andreff W. The new multinational corporations: outward foreign direct investment from post-communist economies in transition[J]. Transnational Corporations, 2003, 12 (2): 73-118.

[69] Avik Chakrabarti. The determinants of foreign direct investments: sensitivity analyses of cross-Country regressions[J]. General & Introductory Economics,2001(02): 89-114.

[70] Azmat Gani, Governance and foreign direct investment links: evidence from panel data estimations [J]. Applied Economics Letters, 2007,14(8):753-756.

[71] B. Kogut, SJ Chang. Technological capabilities and Japanese foreign direct investment in the United States[J]. The Review of Economics and Statistics,1991(03):401-413.

[72] BA Blonigen, RB Davies, K. Head. Estimating the knowledge-capital model of the multinational enterprise comment[J]. NBER,2002.

[73] BA Blonigen. Firm-specific assets and the link between exchange rates and foreign direct investment[J]. American Economic Review,1997(06): 447-465.

[74] BA Blonigen. Firm-specific assets and the link between exchange rates and foreign direct investment[J].American Economic Review,1997(03):447-465.

[75] BA Blonigen. In search of substitution between foreign

production and exports[J]. Journal of International Economics,2001(02): 81-104.

[76] Bala Ramasamy, Matthew Yeung, Sylvie Laforet. China's outward foreign direct investment: Location choice and firm ownership[J]. Journal of World Business, 2012, 47(1): 17-25.

[77] Barrell R. and Pain N. Domestic institutions, agglomerations and foreign direct investment in Europe[J]. European Economic Review,1999(04): 925-934.

[78] Barry F, Görg H, McDowell A. Outward FDI and the investment development path of a Late-industrializing economy: Evidence from Ireland[J]. Regional Studies, 2003, 37 (4): 341-349.

[79] Blonigen, Bruce A. Firm-specific assets and the link between exchange rates and foreign direct investment[J]. American Economic Review,1997,87（3）: 447-465.

[80] Bruce A. Blonigen. A review of the emperical literature on FDI determinations[J]. NBER,2005.

[81] Buckley P. J, Cross A. R, Tan H, et al. Historic and emergent trends in chinese outward direct investment[J]. Management International Review, 2008, 48 (6):715-748.

[82] Buckley P. J, Jeremy Clegg, Adam R. Cross . The determinants of Chinese outward foreign direct investment[J]. Journal of International Business Studies, 2007, 38(4): 499-518.

[83] Buckley,P.J.and M.C.Casson.The Future of multinational enterprises[M]. London:Macmillan,1976.

[84] Cai Kevin G., Outward foreign direct investment: a novel dimension of China's integration into the regional and global economy [J]. The China Quarterly,1999(12):856-880.

[85] Cantwell J. Technological innovation and multinational

corporations, basil blackwell [M]. Oxford,1989.

[86] Carolyn Erdener & Daniel M., Shapiro, The internationalization of Chinese family rnterprises and dunning's eclectic MNE paradigm [J]. Management and Organization Review,2005(11):411-436.

[87] Chen and Moore（2010）Chen, M. and Moore, M. Location decision of heterogeneous multinational firms [J]. Journal of International Economics, 2010, 80(2):188-199.

[88] Cheung, Y-W, Qian X. Empirics of China's outward direct investment[J]. Pacific Economic Review, 2009, 14 (3): 312-341.

[89] Cheung Y. & Qian X. The Empirics of China's Outward Direct Investment [J]. Pacific Economic Review,2009(3):312-341.

[90] D. Wheeler, A. Mody. International investment location decisions: The case of US firms[J].Journal of international economics,1992(8):57-76.

[91] Deng Ping. Investing for strategic resources and its rationale: The case of outward FDI from Chinese companies[J]. Business Horizons, 2007, 50 (1): 71-81.

[92] Deng Ping. Outward investment by Chinese MNCs: Motivations and implications[J]. Business Horizons, 2004, 47(3): 8-16.

[93] Desai, Mihir A., C. Fritz Foley, and James R. Hines Jr. Foreign direct investment in a world of multiple taxes[J].Journal of Public Economics,2004,88(12):2727-2744.

[94] Dimitrios Kyrkilis, Pantelis Pantelidis. Macroeconomic determinants of outward foreign direct investment[J]. International Journal of Social Economics, 2003,30(7): 827-836.

[95] DO Cushman.Exchange-rate uncertainty and foreign direct investment in the United States[J].Weltwirtschaftliches Archiv,1988(2): 322-326.

[96] Dong B, Guo G. A model of China's export strengthening

outward FDI[J]. China Economic Review, 2013, 27: 208-229.

[97] Drogendijk R, Blomkvist K. Drivers and motives for Chinese outward foreign direct investments in Africa[J]. Journal of African Business, 2013, 14(2): 75-84.

[98] Duning J. H. International Production and the Multinational Enterprise [M]. London: Allen & Uniwin,1981:34-35.

[99] Duning J. H., An evolving paradigm of the economic determinants of international business activity [J]. Advances in international management, 2003(15):3-27.

[100] Duning J. H., International production and the multinational enterprise [M]. London: Allen & Uniwin,1981:34-35.

[101] Duning J. H. Multinational enterprise and global economy. reading [M]. MA:Addison-Wesley,1993.

[102] Duning J. H., R. Narula. The investment development path revisited[M].London:Routledge,1996: 1-41.

[103] Dunning J. H., Reappraising the eclectic paradigm in an age of alliance capitalism[J]. Journal of International Business Studies, 1995(3):461-491.

[104] Dunning, J. H., C. Kim & D. Park, old wine in new bottles: a comparison of emerging market TNCs today and developed country TNCs thirty years ago[R]. SLPTMD Working Paper Series, 2008(11).

[105] Dunning, J. H. The investment development cycle and third world multinationals, multinationals of the south[M]. London: Francis Porter, 1986.

[106] Dunning, J. H., Trade, location of economic activity and the MNE: a search for an eclectic approach [M]. London: Macmillan,1977: 395-418.

[107] Dylan Sutherland. Do China's "National Team" business groups

undertake strategic asset seeking?[J]. Chinese Management Studies, 2009, 3(1): 356-378.

[108] E. Asiedu. On the determinants of foreign direct investment to developing countries: is Africa different[J]. World Development, 2002(01): 107-119.

[109] E. Borensztein, J. De Gregorio, JW Lee. How does foreign direct investment affect economic growth[J]. Journal of International Economics,1998(06):115-135.

[110] E. Helpman, MJ Melitz, SR Yeaple. Export versus FDI with heterogeneous firms[J]. The American Economic Review,2004(03): 300-316.

[111] Frederick T. Knickerbocke, oligopolistic reaction and multinational enterprise [J]. The International Executive,1973,15(2):7-9.

[112] Friedrich Schneider. Economic and political determinants of foreign direct investment[J]. World Development,1985(02):161-175.

[113] Friedrich Schneider. Economic and political determinants of foreign direct investment[J]. World Development,1985(02):161-175.

[114] Globerman S., Shapiro D. M. Economic and strategic considerations surrounding Chinese FDI in the United States[J]. Asia Pacific Journal of Management, 2009, 26 (1):163-183.

[115] Globerman S., Shapiro D. M. Outward FDI and the economic performance of emerging markets[J]. Center for International Business, 2009, 12: 229-271.

[116] Goh S K, Wong K N, Tham S Y. Trade linkages of inward and outward FDI: evidence from Malaysia[J]. Economic Modelling, 2013, 35: 224-230.

[117] Goh S K, Wong K N. Malaysia's outward FDI: The effects of market size and government policy[J]. Journal of Policy Modeling, 2011,

33 (3): 497-510.

[118] Gu X S, Han L Y. Location choice of China's ODI: Evidence based on panel data[J]. Applied Mechanics and Materials, 2013, 401: 2341-2344.

[119] Gugler P, Fetscherin M. The role and importance of the Chinese government for Chinese outward foreign direct investments[J]. AIB Insights, 2010, 10 (4): 12-15.

[120] H. Grubert, J. Mutti. Taxes, tariffs and transfer pricing in multinational corporate decision making[J]. The Review of Economics and Statistics,1991(5): 285-293.

[121] Hattari R, Rajan R. S. India as a source of outward foreign direct investment[J]. Oxford Development Studies, 2010, 38 (4): 497-518.

[122] Hayakawa Kazunobu, Matsuura Toshiyuki, Motohashi Kazuyuki, et al. Two-dimensional analysis of the impact of outward FDI on performance at home: Evidence from Japanese manufacturing firms[J]. Japan and the World Economy, 2013, 27: 5-33.

[123] Head K, Ries J. Overseas investment and firm exports[J]. Review of International Economics, 2001, 9 (1): 108-122.

[124] Helpman E., Melitz M., Yeaple S. Export versus FDI with heterogeneous firms[J]. American Economic Review, 2004, 94(1):300-316.

[125] Holtbrügge D, Kreppel H. Determinants of outward foreign direct investment from BRIC countries: An explorative study[J]. Int J Emerg Mark, 2012, 7 (1): 4-30.

[126] Horstmann, Markusen. Strategic Investment and the Development of Multinationals[J]. International Economic Review, 1987,3(1):567-585.

[127] Hurst L. Comparative analysis of the determinants of China's

State-owned outward direct investment in OECD and Non-OECD countries[J]. China and World Economy, 2011, 19 (4): 74-91.

[128] Hwy-Chang Moon. Thomas W. Roehl, Unconventional foreign direct investment and the imbalance theory[J]. International Business Review,2001,10(4):197-215.

[129] Hyejoon Im. The effects of trading blocs on U.S. outward FDI activity: The role of extended market size[J]. Journal of East Asian Economic Integration, 2012, 16(2): 205-225.

[130] Hymer S. The international Operations of National Firms: A study of Direct Investment[M],Cambridge, Mass: MIT Press,1960.

[131] Hymer,S..The international operations of national firms[M]. Cambridge:press,1976.

[132] J. Johanson, JE Vahlne. The internationalization process of the firm—a model of knowledge development and increasing foreign market commitments[J]. Journal of International Business Studies,1977(4):23-32.

[133] J. Johanson, JE Vahlne. The Uppsala internationalization process model revisited: From liability of foreignness to liability of outsidership[J]. Journal of International Business Studies,2009(05): 1411-1431.

[134] J. Riedel,Factor proportions, linkages and the open developing economy [J]. The Review of Economics and Statistics, 1975,57(4): 487-494.

[135] John A. Mathews. Dragon multinationals: new players in 21st century globalization[J]. Asia Pacific Journal of Management,2006(03): 5-27.

[136] JR Markusen, LEO Svensson. Factor Endowments and Trade with increasing returns versus constant returns to scale[J]. Institute for International Economic Studies,1984.

[137] KA Froot, JC Stein. Exchange rates and foreign direct investment: an imperfect capital markets approach[J].The Quarterly Journal of Economics,1991(4):1191-1217.

[138] Kenwood & Lougheed. The Growth of International Economy 1820-2000[M]. Fourth Edition,London and New York,1983.

[139] Kindleberger C.American business abroad:six essays on Direct Investment[M].NewHaven:Yale University Press,1969.

[140] Klein, Michael W. and Rosengren, Eric S. The real exchange rate and foreign direct investment in the United States: Relative wealth vs. relative wage effects[J]. Journal of International Economics,1994,36(5) 373-389.

[141] Kolstad, I. & Wiig, A. Is Transparency the Key to Reducing Corruption in Resource-Rich Countries? [J],World Development,2009,(3): 521-532.

[142] Lall, S., The New Multinationals [M], Chichester: John•W iley & Sons, 1983.

[143] Lall,S.&S.Siddharthan.The Monopolistic Advantages of Multinationals: Lessons from Foreign Investment in the U.S[J].The Economic Journal,1982,92.668-683.

[144] Lipsey, Robert E. and Merle Yahr Weiss. Foreign Production and Exports of Individual Firms[J]. Review of Economics and Statistics, 1984(2):304-07.

[145] Mahmut Yasar，Catherine J. Morrison Paul，International linkages and productivity at the plant level:Foreign direct investment, exports, imports and licensing，[J]，Journal of International Economics 2007（71）：373-388.

[146] Michiko Miyamoto,Xin Lu&Yoshiaki ShimazakiAkita, Emprical Study of China's Outward Foreign Direct Investment for 2001-2008

[J],Chinese Business Review, 2011(12):1167-1180.

[147] MJ Melitz. The Impact of Trade on Intra-Industry Reallocations and Aggregate Industry Productivity[J]. Econometrica,2003(11):1694-1725.

[148] MW Klein, E Rosengren. The real exchange rate and foreign direct investment in the United States: relative wealth vs. relative wage effects[J].Journal of International Economics,1994(5):373-389.

[149] Peter Gammeltoft, Helena Barnard, Anoop Madhok. Emerging Multinationals: Outward Foreign Direct Investment from Emerging and Developing Economies[J]. Journal of International Management, 2010, 16(2): 154-164.

[150] Philip Hanson. Russia's Inward and Outward Foreign Direct Investment: Insights into the Economy[J]. Eurasian Geography and Economics, 2010, 51(5): 632-652.

[151] Quer D, Claver E, Rienda L.Political risk, cultural distance, and outward foreign direct investment: Empirical evidence from large Chinese firms[J]. Asia Pacific Journal of Management, 2012, 29 (4): 1089-1104.

[152] Ramasamy，B, Yeung，M．& Laforet，S．, China's Outward Foreign Direct Investment: Location Choice and Firm Ownership[J],Journal of World Busines,2012(4): 17-25．

[153] RE Lipsey, MY Weiss. Foreign Production and Exports of Individual Firms[J]. The Review of Economics and Statistics,1984(5): 304-308.

[154] Robert E. Lipsey and Merle Yahr Weiss. Foreign Production and Exports in Manufacturing Industries[J]. The Review of Economics and Statistics,1981(11): 488-494.

[155] Ronald H. Coase, The contractual nature of the firm [J]. Journal of Law and Economics, 1983,1(4):1-21.

[156] RZ Aliber. A theory of direct foreign investment[M]. MIT press

Cambridge,1970.

[157] S Lall, P Streeten. Foreign investment, transnationals, and developing countries[M].Westview Press(Boulder, Colo.),1977.

[158] SE Thomsen, P Nicolaides. The evolution of Japanese direct investment in Europe: Death of a transistor salesman[M]. New York: Harvester Wheatsheaf,1991.

[159] T Khanna, J Kogan, K Palepu. Globalization and similarities in corporate governance: A cross-country analysis [J].Review of Economics and Statistics,2006(3):69-90.

[160] Tolentino, P. E., Technological Innovation and Third World Multinationals [M],London: Routledge,1993.

[161] Vernon,R.Sovereign at Bay:the Multinational Spread of U.S. Enterprises. York:Basic Books,1971.

[162] Wei W X, Alon I. Chinese outward direct investment: A study on macroeconomic determinants[J].   International Journal of Business and Emerging Markets, 2010, 2: 352-368.

[163] Wells, L.T., Third World Multinationals: The Rise of Foreign Direct Investment from Developing Countries [M],Cambridge, Mass: MITP ress, 1983.